A ERA DO NIILISMO

LUIZ FELIPE PONDÉ

A ERA DO NIILISMO — NOTAS DE TRISTEZA, CETICISMO E IRONIA

GLOBOLIVROS

Copyright da presente edição © 2021 by Editora Globo S.A.
Copyright © 2021 by Luiz F. Pondé
Todos os direitos reservados.

Nenhuma parte desta edição pode ser utilizada ou reproduzida — em qualquer meio ou forma, seja mecânico ou eletrônico, fotocópia, gravação etc. — nem apropriada ou estocada em sistema de banco de dados sem a expressa autorização da editora.

Texto fixado conforme as regras do Novo Acordo Ortográfico da Língua Portuguesa (Decreto Legislativo nº 54, de 1995).

Preparação: Amanda Moura
Revisão: Adriana Moreira Pedro e Ariadne Martins
Capa: Cris Viana — Estúdio Chaleira
Foto de capa: iStock
Projeto gráfico e diagramação: Douglas K. Watanabe

CIP-BRASIL. CATALOGAÇÃO NA PUBLICAÇÃO
SINDICATO NACIONAL DOS EDITORES DE LIVROS, RJ

P855e

Pondé, Luiz Felipe
A era do niilismo: notas de tristeza, ceticismo e ironia / Luiz Felipe Pondé. — 1. ed. — São Paulo: Globo Livros, 2021.

ISBN 978-65-86047-45-5

1. Ensaios brasileiros. 2. Filosofia — Miscelânea. 3. Niilismo (Filosofia). I. Título.

20-67965
CDD: 869.4
CDU: 82-4(81)

Camila Donis Hartmann — Bibliotecária — CRB-7/6472

1ª edição — fevereiro/2021

Editora Globo S.A.
Rua Marquês de Pombal, 25
Rio de Janeiro, RJ — 20230-240
www.globolivros.com.br

Não procure soluções neste livro — não há nenhuma; em geral, o homem moderno não tem solução.

Alexander Herzen em *Da outra margem*

Não parece haver mais design na variabilidade dos seres orgânicos, e na ação da seleção natural, do que na direção que o vento sopra.

Fragmento autobiográfico de Charles Darwin (1876)

Sumário

Introdução
A história de longa duração do niilismo   10

Primeira parte
A HERMENÊUTICA RUSSA

1. A literatura russa do século xix:
uma anatomia patológica da natureza humana   18
2. Ivan Turguêniev: Bazárov, o jovem que tem o luxo
de não crer em nada   21
3. Ivan Turguêniev: o homem supérfluo   35
4. Fiódor Dostoiévski: o diálogo entre supérfluos e niilistas
a partir de Os demônios   42
5. Alexander Herzen e seu debate com Ivan Turguêniev
(Schopenhauer e Darwin contra Schelling e
Hegel na Rússia do século xix): tristeza, ceticismo
e ironia   47
6. Liev Tolstói: teoria da história como crítica da teodiceia
racional   62
7. Anton Tchékhov: os mujiques e o envelhecimento   70

8. Ivan Turguêniev: as memórias de um caçador aristocrata em meio à vida ancestral no campo 79
9. Nicolai Gógol: uma coreografia macabra do nada 85
10. Fiódor Dostoiévski: o que é o niilismo russo e por que ele é o espírito de nossa época 89

Segunda parte
UMA ANTROPOLOGIA NIILISTA

11. Confissões de um niilista 94
12. As portas do inferno na alma 98
13. A angústia como essência da vida psicológica em Soren Kierkegaard 106
14. A forma *mercadoria da vida contemporânea* em Theodor Adorno 109
15. Os fundamentos da era do niilismo 113

Terceira parte
NOTAS DO NIILISMO NO VAREJO: UMA MORAL MÍNIMA

16. Os contornos do nada no cotidiano 116
17. Tudo que é sólido desmancha no ar 118

18. O tédio da vontade   119
19. O marketing como prática niilista   121
20. O fetiche da transmissão de valores de uma geração para outra   123
21. A educação niilista   125
22. A família cercada pelo nada   128
23. A politização niilista dos afetos   132
24. Niilismo e política   134
25. Niilismo e melancolia   138
26. Niilismo e capitalismo   140
27. Niilismo e redes sociais   142
28. Niilismo e pandemia   144
29. Niilismo e o século XXI   147
30. O encontro com o nada   149

Referências   154

Introdução
A história de longa duração do niilismo

> *Em todo caso, é em relação a essas extensões de história lenta que a totalidade da história pode se repensar, como a partir de uma infraestrutura. Todas as faixas, todas as milhares de faixas, todos os milhares de estouros do tempo da história se compreendem a partir dessa profundidade, dessa semi-imobilidade, tudo gravita em torno dela.*
> Fernand Braudel,
> "História e ciências sociais: a longa duração".
> In: *Escritos sobre a história.*

A modernidade é um surto psicótico razoavelmente bem-sucedido (até então). Um surto funcional, dito em linguagem mais técnica. Denomino esse surto como *a era do niilismo*. O método deste livro é híbrido (como ficou na moda falar durante a pandemia). Por um lado, ofereço referências eruditas, a fim de sustentar meu argumento e informar você, caro(a) leitor(a). Minha intenção é te ajudar a enxergar o espírito da nossa época, que se esconde em nosso pânico cotidiano e espiritual. Por outro, busco escrever com uma linguagem mais aberta e menos técnica, salvo um detalhe indispensável aqui e ali. Espero que, ao final, você tenha claro que vivemos numa era niilista há mais de um século. Em síntese, faço um diagnóstico, a partir da rica produção literária russa do século XIX (que estabeleceu o conceito de niilismo de forma mais ampla e precisa) e da produção filosófica a partir do século XIX (que avançou no pessimismo negativo típico do niilismo), e ofereço alguns apontamentos de como enxergar o nada em nossa era.

Este é um livro de notas. Assim como quem percorre um cenário já conhecido e amado, para, em seguida, pensar a realidade a sua volta. Esse cenário é a literatura russa do século XIX e alguma filosofia que a partir do século XIX rompe com o modelo de homem "saudável". A realidade ao seu redor é o mundo contemporâneo, que carrega no seu coração o nada, mas que nunca mentiu tanto sobre o assunto.

O sucesso técnico, científico e de gestão da modernidade determinou sua condição de distopia progressista. A humanidade, como raça abandonada (metáfora famosa de Horkheimer em seu *Eclipse da razão*) que carrega sobre as costas o peso de uma consciência dolorida — consciência esta que determinou um ambiente a mais (o interno) a ser vencido, segundo o antropólogo Ernst Becker, em *A negação da morte* —, um dia passou a crer na sua autonomia racional e volitiva. Segundo Habermas, em seu *Discurso filosófico da modernidade*, essa é a fundação filosófica da modernidade. Vejamos mais de perto.

Habermas, Kant e Hegel estabelecem claramente o discurso filosófico da modernidade da seguinte forma: a razão se autofundamenta. Não mais entidades divinas, não mais ideias metafísicas, não mais crenças ancestrais nem discursos mágicos. A ética kantiana do imperativo categórico (aja de modo tal que seu ato possa ser erguido em normal universal de comportamento) prescreve o comportamento que interpreta a vocação universal da razão moral (prática, nos termos de Kant). Hegel supõe descrever o processo de crescimento da racionalidade no mundo, atingindo seu ápice numa institucionalização da vida social e política num estado racional de direito.

A partir desse ponto de vista, o niilismo é o nome do fracasso desse projeto, que acabou parecendo ser muito "pesado" para uma espécie que está muito aquém do que pensa de si mesma. Não que devamos voltar ao passado. Ele não existe mais. Nunca houve um passado que existisse menos do que o nosso. Simplesmente, não temos qualquer acesso ao passado. O problema é que essa autofundamentação da razão não se deu de forma tão evidente. A racionalidade do homem caiu sob dúvidas já desde Schopenhauer, para quem Kant era um ingênuo, e Hegel, talvez, um mau-caráter mesmo. A filosofia da história de Hegel e sua pressuposição de uma finalidade evolutiva no espírito do mundo caiu em desgraça com a crítica evolucionista, como veremos mais adiante nos debates russos no século XIX. O próprio século XX sepultou qualquer ideia ingênua de sentido histórico do tempo.

Outra referência fundamental para nosso percurso será o conceito de *longue durée* de Fernand Braudel. Suspeito que apenas daqui duzentos anos ou mais, nossos descendentes poderão ter alguma ideia do que de fato está acontecendo. A partir da revolução capitalista, com seu epicentro de radicalização no século XIX, e da Revolução Industrial que lhe é intrínseca, a longa duração das nossas crenças humanas ruiu. Para Braudel, a história opera em três temporalidades distintas e inter-relacionadas. A primeira, o tempo "imóvel" ou geográfico, é o mais longo em termos de fôlego. Nela, encontram-se acidentes geográficos (o mar Mediterrâneo é uma figura importante na obra de Braudel), relevos ou o corpo biológico como referência para pensarmos a Pré-História. A segunda, aquela do tempo social de longo alcance, ou seja, séculos, décadas; esta, quando toca na duração milenar, perde-se na primeira. E a terceira, mais conhecida, aquela do tempo curto: Revolução Francesa, Segunda Guerra Mundial e afins.

Nosso percurso aqui se concentra mais especificamente na segunda temporalidade. É neste sentido que digo que minha intenção é compreender o niilismo na sua longa duração: do início do século XIX até hoje. Minha hipótese é a seguinte: a era do niilismo se confunde com a própria modernidade. Na medida em que esta implicou — por razões técnicas, científicas, administrativas e burocráticas — uma ruptura profunda com uma temporalidade ancestral, que se perde nas brumas do tempo, para além da história, mergulhando, no mínimo, no neolítico (a Rússia do século XIX, narrada por sua literatura e seus debates culturais e políticos, é meu "laboratório" para este percurso), desfez as camadas sedimentadas das práticas cotidianas e ancestrais que sustentavam a experiência de sentido da vida. O niilismo filosófico é a percepção de que nada além dessas práticas sedimentadas sustentavam as crenças. Portanto, movo-me nos limites de uma história materialista. O "nada além" é a matriz do niilismo. O "nada" aqui não é uma abstração, pelo contrário, é muito concreto na sua forma de aparição ao intelecto, ao afeto, ao envelhecimento, à cultura, à política, enfim, à sociedade na sua esfera pública e privada. Logo, que ninguém pense que o niilismo é uma abstração. Ele é concreto como o efeito de uma pedra. Este "nada" existe. Surge das relações sociais em interação com uma espécie "viciada" no encontro com o sentido das coisas e da vida, sustentado de forma longa nas práticas quase imutáveis da evolução humana. Neste momento, tocamos a esfera da primeira temporalidade e seu efeito de imobilidade sobre as coisas e sobre o mundo histórico e pré-histórico. A sustentação das crenças na materialidade desta imobilidade é o único fundamento que a espécie jamais conheceu para sua ânsia de resposta ao sentido das coisas. Uma vez rompida essa imobilidade com a aceleração material da modernidade, o vazio da sustentação foi percebido e sentido. Esse processo é o niilismo na sua face histórica. Ele não é uma "escolha", portanto, antes de ético, ele é histórico-material e social. Não há saídas da era do niilismo, pelo menos não se mantidas as condições materiais e de produção da vida concreta em que vivemos.

Uma rápida visita à Pré-História pode nos ilustrar esse olhar de longa duração. Vale dizer que, apesar da rápida visita à Pré-História aqui, ela é da ordem do detalhe de que nos fala a tradição judaica: Deus está no detalhe. O que nos dirá mais adiante o pesquisador David Lewis-Williams sobre a "mente na caverna" será de enorme importância para nossa narrativa de longa duração do niilismo. Assim, seguiremos dois especialistas: Brian Hayden e, como já mencionado, David Lewis-Williams.

Hayden nos ensina que, para compreendermos a criação de construções em pedra da Pré-História, devemos levar em consideração que nossa espécie tem, no mínimo, 250 mil anos. Unidos por idêntica estrutura biológica, podemos nos ver na época e entender a ação de nossos ancestrais. Sempre agimos por motivos básicos: comer, sobreviver à violência natural e dos nossos iguais, reproduzir e buscar sentido na vida. Esse sentido sempre adentrou a esfera das crenças espirituais e mágicas. A natureza e seus elementos sempre foram recobertos pela manta dos deuses e das deusas imortais. A imortalidade deles, "vista por nós", era nossa imobilidade no tempo dos significados.

Já Lewis-Williams e seus estudos sobre a "mente na caverna" (pinturas rupestres) avança uma hipótese controversa de que as pinturas nas cavernas devem ser vistas como arte sacra. Esses ancestrais, atormentados por vozes internas — mais tarde entendidas como nosso pensamento —, corriam pelas cavernas para as exorcizarem (processo até hoje incompleto para muita gente, aliás). Fazendo uma analogia quase poética, podemos dizer que atravessamos um momento semelhante: somos obrigados a perceber que nossas crenças, de todos os tipos, são meros pensamentos materializados em práticas ancestrais que, ao perderem essa materialidade, enlouqueceram e tentam desesperadamente se afirmar como "vozes na cabeça" novamente. Sendo vozes, elas não seriam meros pensamentos. A era do niilismo é o desespero diante da falta de objetividade das crenças humanas causada pela própria emergência do "progresso" (mobilidade) moderno.

A humanidade sempre foi triste. Sempre à beira de um surto. Esse surto foi contido pela imobilidade de longa duração em que vivíamos, mas essa imobilidade acabou. Percorremos alguns de seus sintomas no plano do pensamento. Para isso, dividimos nosso percurso em três cenários distintos: a literatura russa do século XIX, em que o niilismo foi descrito de forma mais ampla e consistente; alguns filósofos a partir do mesmo século compondo o que chamei de antropologia no niilismo; e, por último, uma análise em notas da síndrome do niilismo no mundo contemporâneo.

Boa sorte.

Primeira parte
A HERMENÊUTICA RUSSA

1. A literatura russa do século XIX: uma anatomia patológica da natureza humana

Qualquer que fosse a conversa, sempre sabia conduzi-la: caso conversassem sobre a criação de éguas, falava sobre a criação de éguas; caso falassem sobre cães de raça, também fazia comentários muito pertinentes; caso tratassem de uma sentença proferida pelo tribunal, ele mostrava não estar desinformado sobre as tramoias judiciais; caso fosse uma discussão sobre jogo de bilhar, também no bilhar ele não fazia feio; caso falassem sobre as boas ações, ele também discorria esplendidamente sobre as boas ações, até com lágrimas nos olhos; se fosse o preparo de vinho quente, ele sabia tudo a respeito do vinho quente; sobre os supervisores e funcionários da alfândega também sabia tecer apreciações como se fosse ele mesmo funcionário e supervisor. No entanto, o mais notável era que sabia revestir tudo isso com uma espécie de gravidade e sabia se portar. Não falava nem alto, nem baixo, mas exatamente como se devia falar. Numa palavra, para onde quer se voltasse, era sempre um homem muito respeitável.

Todos os funcionários ficaram satisfeitos com a chegada do novo personagem. Sobre ele, o governador garantia que era um homem de boas intenções; o procurador, que era um homem capaz; o coronel da guarda dizia que era um homem sábio; o presidente da Câmara de Justiça, que era um homem honrado e culto, o chefe de polícia, que era um homem amável e digno de respeito; a esposa do chefe de polícia, que era um homem amabilíssimo e polidíssimo.

Nikolai Gógol,
Almas mortas

A Rússia percorreu o arco da modernização num espaço temporal curto em comparação com o Ocidente. Entre 1704, data do início da construção de São Petersburgo, capital moderna da Rússia, até a Revolução Bolchevique em 1917 (aí a capital volta a ser Moscou), desenrolou-se uma modernização extremamente agressiva no país. Sua inteligência, ao longo do século XIX, nas palavras do historiador Jules Michelet, à época, num texto sobre os intelectuais russos, fez uma "anatomia patológica" profundamente aguda da natureza humana. Num espaço de duzentos anos, a Rússia saiu do neolítico, praticamente, e entrou no capitalismo e no comunismo, indo muito além do Ocidente no processo que ele mesmo inventou; sendo que foi no século XIX, entre 1825 e 1917, já no XX, que esse arco se desenvolveu de forma ainda mais vertiginosa. Esse processo levou a inteligência russa ao que Alexander Herzen chamou (e é o subtítulo deste livro) de uma experiência de "tristeza, ceticismo e ironia" que nenhum outro povo na Europa viveu. O que o pensador e polemista político Herzen quis dizer com isso, veremos mais adiante. Por ora, basta termos em mente que a Rússia de então viveu o surto moderno de modo concentrado. Depois de acompanharmos essa "anatomia patológica" da modernização, por meio de alguns dos maiores autores russos da época, a partir de alguns de seus personagens, conceitos e intuições, e, assim, identificar de forma material o niilismo num momento histórico específico — como quem captura o exato instante de um salto no vazio — seguiremos para o "homem adoecido" de Schopenhauer, e, finalmente, veremos como o surto moderno se faz presente hoje.

 Vale apontar um detalhe neste capítulo introdutório da primeira parte. O personagem descrito na citação de Gógol, Pável Ivánovitch Tchitchikov, fala muito bem sobre qualquer assunto. Ele compra nomes de servos mortos, mas ainda não constando como mortos no último senso, para posar de rico. Essas são as "almas mortas" do título. Imaginemos que a velocidade com que a burocracia russa, na primeira metade do século XIX, operava era lenta e isso dava ao nosso mau-caráter a dianteira no uso dessas "almas mortas" como capital social. A riqueza era medida, então, dentre outras formas, pelo número de almas (servos) que uma pessoa tinha. Para exercer sua função com sucesso, ele deveria saber se mover nos meandros de qualquer cidade em que desembarcava para comprar sua falsa riqueza. Escolhi essa citação para apontar o profundo vínculo entre a anatomia patológica russa da natureza humana e a mentira como forma social de conduta sofisticada. Com isso, deixo aqui uma suspeita essencial para você, caro(a) leitor(a): a era do niilismo depende da mentira como forma estruturada de comportamento. Se o movimento moderno (que destruiu a materialidade ancestral da vida por milênios), descrito na abertura deste livro, é uma chave importante para entendermos a razão de não haver mais nenhum fundamento para qualquer crença ou costume, este mesmo movimento moderno introduziu a mentira sistemática como modo de organizar muitos dos hábitos e das crenças a partir de então. Essa mentira sistemática será objeto das notas acerca do niilismo no varejo, na terceira parte de nosso percurso, quando pensarmos a relação entre niilismo e marketing.

A história de longa duração do niilismo, que aqui é nosso objeto, podia mesmo fazer uso desses "eventos reluzentes", aos quais faz referência o historiador francês Fernand Braudel, criador do conceito de *longue durée*, para se referir aos fenômenos sociais de "curta duração", tais como as mentiras do marketing, como os descendentes desse negociante de almas mortas. Saber se comportar socialmente, dizer a palavra certa, num mundo em que tudo vale porque nada vale de fato, é essencial para o sucesso. Tchitchikov é nosso patrono nessa história de longa duração do niilismo.

2. Ivan Turguêniev: Bazárov, o jovem que tem o luxo de não crer em nada

Será possível que o amor, o amor abnegado, sagrado, não seja onipotente? Ah, não! Por mais exaltado, pecador e rebelde o coração oculto no túmulo, as flores que crescem sobre ele olham para nós serenas, com seus olhos inocentes: não nos falam apenas de uma paz eterna, da grande paz da natureza "indiferente"; falam também da reconciliação eterna e da vida infinita...

Ivan Turguêniev,
Pais e filhos

Como não começar uma anatomia patológica do niilismo sem citar Turguêniev, o criador, entre 1860 e 1862, no seu romance *Pais e filhos*, dessa categoria na literatura e, para alguns, quase o estabelecimento do termo tal como se usará na Rússia no século XIX, do jovem niilista, agitador político, amante da amoralidade e das ciências naturais de então? Turguêniev ali descreve, e o próprio título é indicador desse fato, o que ao longo dos séculos XX e XXI será compreendido como conflito de gerações. Talvez cem anos antes dos anos 1960, no século XIX, Turguêniev percebeu o nascimento do conceito de "jovem" tal como será apontado pelo nosso estimado Nelson Rodrigues. Para além do que pensa nossa vã psicologia, o olhar de Turguêniev revela que o "jovem" já nasceu doente. Sua doença é ser a encarnação de um mundo ferido no coração pelo avanço do progresso moderno. Ser jovem é carregar nas costas a culpa do passado que nunca viveu e o fracasso inevitável da tarefa que lhe é colocada sobre os ombros: mudar o mundo para melhor, rompendo com tudo que o manteve de pé até então. O moderno é um deprimido. Decidido a encerrar o capítulo da tristeza ancestral da espécie, acaba por cair de joelhos diante do peso dessa tristeza da qual pensava ter escapado. Um dos dramas humanos é ter a tristeza como destino e meio em que deve sobreviver. E a tristeza é material e objetiva como as pedras.

Sei bem que a categoria de doente implica outra, de normalidade. Fisiologia e patologia são intimamente associadas. Como nos mostra muito bem o filósofo espanhol José Ferrater Mora (mais conhecido pelo grande dicionário que leva seu nome), no ensaio "Sentidos da morte", a matéria inorgânica antecede a orgânica (como dirá também Freud), portanto, a matéria viva é a exceção e não a regra. Logo, a patologia nada mais é, nesse sentido, do que o processo por meio do qual a vida repousa na sua mãe, a morte. A "indiferença da natureza", citada no trecho final do romance *Pais e filhos*, é o nome desse processo ou, nos termos do filósofo Ferrater Mora, o nome da cegueira dessa natureza voltada à morte (a indiferença da natureza significa sua indiferença à vida e à consciência desta). Uma natureza indiferente ao sofrimento humano infecta nosso coração com "o cheiro do nada", como diria Kierkegaard no mesmo século XIX (que veremos na segunda parte deste percurso). O tema da indiferença da natureza é recorrente na literatura russa do século XIX.

Mas não escolhemos Turguêniev, e esse trecho, apenas por essa razão. Entendemos que o autor russo nesse parágrafo, assim como em todo o romance em questão, descreve de forma conceitual e poética o drama da indagação russa (e de todos nós) acerca do que significa o niilismo, para além dos modismos desde então. Porém abordar o niilismo exige certo cuidado, assim como quem manipula uma fórmula venenosa. O niilismo infecta. Vejamos.

Talvez um romantismo incurável e tardio me faça ver no tratamento que o autor russo dá ao tema, mais tarde chamado de conflito de gerações (que hoje, não por acaso, quando se usa a palavra "geração" se pensa, antes de tudo, em iPhones), um modo mais consistente de lidar com o drama do envelhecimento e da incomunicabilidade crescente entre pessoas de idades distantes, digo isso em comparação aos modos mais contemporâneos de tratamento. O tratamento contemporâneo do mesmo problema tende ao ridículo e à mentira, daí sua inconsistência. Nunca se mentiu tanto como neste século XXI. Fala-se largamente de poluição do meio ambiente com queimadas e combustíveis fósseis, mas a poluição do mundo noético (mundo do pensamento e dos conceitos) e do mundo do *pathos* (mundo dos afetos e paixões) não é menor nem menos perigosa. A espécie segue à deriva dos seus delírios infantis na ciência prática conhecida como marketing.

Como são apresentados o pai e o filho, arquétipos do nascente conflito de gerações no romance? Antes de tudo, devemos ter consciência da devastação que a modernidade burguesa causou na Rússia (e no mundo inteiro, obviamente), fazendo com que os próprios pais passassem a querer ser os filhos. O passado nada mais valia, nem hoje vale qualquer coisa.

No registro do mundo do "antigo regime", a aristocracia decadente e o campesinato russo ignorante, miserável e neolítico (os mujiques), ofereciam a monstruosidade da realidade como obstáculo à idealização do progresso histórico, e, ao mesmo tempo, à valorização do passado como reação ao exílio do paraíso que esse passado teria sido.

O escritor Anton Tchékhov descreveu de modo contundente tanto a decadência da aristocracia do campo quanto a miséria dos camponeses em contos como "Os mujiques" e em peças como *O jardim das cerejeiras* e *O tio Vânia*, ou na peça *As três irmãs* (esta última conta a história de mulheres perdidas na propriedade falida do campo, sonhando com uma Moscou que não existe, onde casariam e seriam felizes algum dia, no futuro que tampouco existiria). O passado acabou como registro de valor. O romantismo é, justamente, o sintoma que brota desse fato. O próprio Tchékhov, neto de servos, enterra qualquer fantasia sobre o "antigo regime" ao responder, quando perguntado se era liberal ou conservador, que o mundo era bem melhor quando ele não era mais chicoteado.

    A agonia da modernização não é uma utopia que matou um passado "lindo", é uma distopia progressista. A emergente classe de "mercadores", como eram chamados os burgueses russos que iam enriquecendo, traz consigo esse fetiche em relação ao "novo" (o "jovem"), que sepultará qualquer chance de se envelhecer, guardando em si alguma dignidade ontológica. Envelhecer é apodrecer, é perder o "lugar de fala" nos vínculos sociais. Esse sintoma se arrasta até hoje, ainda que embrulhado para presente, como tudo mais, num mundo em que a hipocrisia se emancipou e não presta mais nenhuma homenagem à virtude, como dizia François de La Rochefoucauld, no século XVII.

    Mas, voltemos aos pais e filhos de Turguêniev. Olhemos mais de perto esses pais e filhos. Olhemos mais de perto o jovem niilista Evguêni Vassílievitch Bazárov. Os pais são representados como figuras inseguras que circulam ao redor dos filhos, ouvindo deles que já estão fora do jogo. A oposição entre o "avanço" dos filhos e o atraso das gerações dos pais é evidente. No cenário dado, ser ultrapassado pouco tinha a ver com avanços técnicos propriamente ditos. Naquele âmbito, a figura do progresso era vinculada ao conhecimento científico (Bazárov dissecava animais e era médico) ou à racionalidade moderna da burocracia estatal, desvinculada das crenças religiosas e culturais associadas aos sentimentos familiares. A própria ideia desses sentimentos, materializados nos pais de Bazárov e de seu amigo, Arkadi, portadores de reações aparentemente pueris, quase infantis, revelam a inversão de papéis: os filhos são os adultos que assumem o mundo; e os pais, as crianças que nada têm a dizer sobre o mundo desses novos adultos. Como se os pais nada mais entendessem do mundo. Esse tipo de sentimento se enraizou na modernidade e hoje se constitui no próprio modo de produção capitalista: sempre em busca da "inovação". O "avanço" dessa inversão se arrasta pelo mundo contemporâneo assumindo diversas formas.

Pais e filhos sempre existiram. Por que num dado momento, pais e filhos se tornaram estranhos um do outro? Concorrentes, como dirá Adorno. Podemos idealizar o passado e ver a antiga relação de hierarquia entre pais e filhos como um estado de natureza prévio que teria sido rompido no século XIX. Mas nunca houve essa paz dos costumes. Havia, sim, uma imobilidade dos costumes e uma ausência de opções de vida. Essa imobilidade se constituía no sentimento de que as coisas estavam sempre no seu lugar. De uma geração a outra, pouco ou nada mudava a ponto de o repertório de experiências constituídas passar da condição de repertório constituído como ferramenta hermenêutica (ferramenta de interpretação) de uma realidade constante ("antigo regime" da vida) para uma nova condição em que esse mesmo repertório constituído de experiências se transformasse num conjunto de hábitos, práticas, ideias e afetos sem lugar nesse mundo novo, compreendido apenas pelas "novas gerações".

Esse fato é evidente no romance e nas falas dos pais e dos filhos, uns em relação aos outros. A validade do passado é rompida justamente quando, na Rússia, a revolução modernizante de Pedro, o Grande (a chamada revolução petrina), ainda no século XVIII, importou, de um dia para o outro, as ideias europeias, suas críticas sociais, políticas e econômicas, e seu modo de produção capitalista, que logo se constituíram numa ruptura na rede do afetos (parte daquele repertório imóvel constituído há séculos) e nos vínculos privados das famílias. A materialidade de uma vida voltada para a eficácia e resultados produtivos se impôs à rede de afetos e vínculos privados. Uma vez que estes não existem sem a rede de práticas sociais, políticas e econômicas (e vice-versa), a materialidade cotidiana moderna destrói a materialidade cotidiana anterior.

Turguêniev captura o momento singular em que esse jovem ainda mal se conhece, mas já despreza o que vem antes dele. O que, especificamente, nosso niilista Bazárov despreza nos pais?

Há em Bazárov a arrogância de quem sabe pouco, mas conta com a vergonha dos mais velhos a favor da sua arrogância. Associado ao desprezo que ele nutre pelos pais e mais velhos em geral, o surgimento da vergonha de ser mais velho é marcante. Arriscaria dizer que o jovem nasce junto com o velho, e nesse processo, morre o sábio. No lugar da ideia de conhecimento como sabedoria estabelecida (intimamente associada ao repertório constituído, já citado) ao longo dos anos de vida, instala-se a ideia de déficit de informação válida, decorrente da falta de contato com o que é o novo, recém-descoberto ou pensado na Europa ocidental. O repertório passa a ser déficit. Muito antes da era digital, a idade já tinha se transformado em prazo de validade da dignidade de uma pessoa. A modernidade burguesa detesta a velhice, quem disser o contrário, mente. Mas, afinal quem não detesta? A velhice é o prelúdio da morte. À medida que a vida se torna mais longa e mais "divertida", e progride com o conhecimento e a tecnologia, a velhice se torna um estorvo maior ainda, principalmente porque sua experiência de vida passa a ser uma experiência sem participação no ciclo produtivo e sem valor hermenêutico. Como diria Walter Benjamin, no século XX, o narrador está morto.

Turguêniev e seus personagens sabem que essa oposição *jovem* × *velho* é dinâmica, e, por isso mesmo, ainda mais mortal no cotidiano. Seja Bazárov, seja Anna Serguêievna, a mulher que o levará à depressão final ao recusar seu amor, reconhecem ao longo do romance os sinais de uma idade que passa. Não há como organizar o tempo socialmente com relógios e agendas sem aprofundar a consciência do tempo que passa no corpo, na alma e no horizonte. Se a vida progride, o passado não presta para nada. E envelhecer é ter mais passado do que futuro. Turguêniev descreve esse movimento nascente na Rússia, dilacerada entre a reforma petrina moderna e a Rússia neolítica e feudal profunda, vivendo lado a lado. Na Rússia do século XIX, vemos claramente o processo de modernização como distopia progressista já mencionada, que na Europa Ocidental foi mais lenta e dispersa no seu processo de instalação, dessa forma, o Ocidente teve mais mediações em meio ao processo, o que impediu, possivelmente, a própria revolução comunista. A Europa Ocidental não passou do neolítico a modernização, como a Rússia profunda, num espaço de sessenta anos.

O desprezo que o jovem niilista dedica aos pais e ao mundo deles tem uma raiz na insegurança psicológica que aparece claramente quando ele se apaixona por Anna Serguêievna — portanto, o desprezo, como sempre, tem uma raiz reativa. Ele despreza o amor, mas morrerá com ele. Homens sempre se despedaçaram diante de mulheres apaixonantes, frias, e indiferentes a eles. Nossa heroína tem consciência de que o tempo passa para os dois, comparando-os a Katierina Serguêievna, sua irmã caçula, e Arkádi, os jovens puros que se apaixonam e ficam juntos e felizes. A felicidade dos outros sempre é uma ferida em nosso coração. O autor deixa claro que Bazárov é apenas um tipo de jovem, e não a totalidade dos jovens, mas um tipo que tende a encantar os outros (hoje se diria, "uma tendência de comportamento"), como o próprio Arkádi, que acaba por se libertar da influência do amigo niilista ao se apaixonar por Katierina e ser correspondido por ela. Entretanto, o jovem niilista carrega em si o arquétipo de até onde a modernização pode ir em seu processo dissolutivo de um passado ancestral e infeliz, mas que nada tem de sólido para oferecer em seu lugar, a não ser viver pelo dinheiro. Olhando para o século XIX russo a partir de nossa época, podemos dizer que Bazárov permanece em agonia, principalmente porque seus descendentes têm menos consciência do que são, se os compararmos aos jovens russos niilistas de então. Nosso anti-herói despreza a Rússia atrasada, tem vergonha de suas raízes, tem horror de ser como seu pai, e nesse sentido, foi privilegiado ao morrer jovem. Morrer jovem é a única forma de escapar da decadência que Bazárov vê no passar do tempo. Para além de seus determinantes psicológicos, o desprezo que sente é, em grande parte, fruto do próprio niilismo como condição filosófica e histórica, que ainda se arrasta no seu processo de instalação no seio da longa duração do tempo (a *longue durée*, como dizia o historiador francês Fernand Braudel), dentro de nossa época. Dostoiévski, em *Os demônios*, descreve, claramente, como o niilismo é um espírito do tempo, o ar que se respira, mesmo sem o vermos: adultos criam crianças niilistas ao não assumirem qualquer compromisso que demande esforço.

Turguêniev é mais econômico no profetismo, mas nem por isso menos preciso no diagnóstico.

Afinal, o que é o niilismo de Bazárov? A história da filosofia não nos autoriza a dizer que o niilismo seja um monólito conceitual. Não quero cair no modismo dos plurais pós-modernos tipo "niilismos", mas há, sim, tipos distintos de niilismo. O russo do século XIX, representado no romance em questão, está intimamente associado à natureza indiferente já citada, e é essencial como sintoma da modernização porque se fez político, moral, existencial e social. E é ele que nos acompanha ao longo desta narrativa.

O que é uma natureza indiferente? No século XIX, a ideia de uma natureza indiferente é marcada pela ateleologia (ausência de finalidade ou *telos* na natureza) evolucionista, nascida naquele século e que impactou profundamente o pensamento russo de então.

Hegel, como disse Karl Popper em *A sociedade aberta e seus inimigos*, é um dos feiticeiros da filosofia junto a Platão e Marx. Hegel enfeitiçou o pensamento moderno, em grande parte até hoje, com sua concepção de história teleológica: o espírito absoluto evolui até o estado racional, que, objetiva e organicamente, cria o mundo do progresso inexorável e do estado racional de direito. Os modos de progresso podem ser distintos, mas sua teoria do Estado, por exemplo, implica um processo histórico com finalidade (*telos*, que significa finalidade em grego antigo, daí falarmos em teleologia). O feitiço está justamente no sentimento de "parceria" entre cada um de nós, nossa sociedade, nosso momento histórico e um ente metafísico racional que se materializa com o passar do tempo em cada um de nós, em nossa sociedade e em nosso momento histórico. Essa circularidade do argumento é a "parceria". Somos acompanhados pelo espírito absoluto desde os primórdios do cosmos, até alguma forma final de um estado constitucional eficiente de direito.

Tendo perdido o mundo metafísico clássico e medieval, tínhamos em Hegel uma nova chance de ter uma "parceria" com o Ser. O evolucionismo (que não é apenas o darwinismo, mas que tem nele seu ápice como teoria científica organizada) rompe exatamente com essa teleologia, ao afirmar que a história natural é fruto de relações aleatórias entre os corpos físicos que se fazem bem-sucedidas, ou não, num certo contexto de espaço e tempo. Não vamos nos aprofundar no impacto específico do evolucionismo na análise histórica, política e social no pensamento russo do século XIX agora. Voltaremos a essa pauta quando dialogarmos com Alexander Herzen, intelectual, jornalista e polemista russo, contemporâneo e próximo a Turguêniev, com quem alimentou uma longa controvérsia acerca do que fazer com a "verdade" do evolucionismo. Neste instante, interessa-nos especificamente como o evolucionismo, e sua defesa da contingência como fundo ontológico da realidade cósmica e natural, sustenta a natureza indiferente do romance *Pais e filhos*. Desde Epicuro e a "virada" cega dos átomos (*clinâmen* nos termos do poeta romano Lucrécio, que viveu no século I a.C., autor do poema "Da natureza das coisas"), a possibilidade de a aleatoriedade reinar na ontologia profunda dos seres aterroriza a filosofia e as pessoas, mesmo que elas não conheçam a contingência como conceito filosófico. A expressão comum "as contingências da vida" ilustra esse terror do senso comum diante da aleatoriedade.

Contingência implica uma realidade cega, logo, anti-hegeliana, negadora do sentido (ou finalidade, *telos*) das coisas. É aí que adentramos a indiferença da natureza em Bazárov.

Nosso jovem médico disseca rãs ao invés de se importar com sentimentos (esses mesmos, resultado da bioquímica cega, como toda a natureza) ou tradições, porque conhecer a intimidade dessa cegueira da matéria viva é a única forma de entender um pouco melhor o mundo real das coisas. Quando esse "método" ascende ao pensamento filosófico, adentramos seu niilismo, e adensa-se diante de nós o niilismo como espírito do nosso tempo: um mundo sem direção. Niilismo aqui não é a afirmação do "nada" enquanto "ser", é a afirmação do nada como ausência de sentido das coisas. É um retorno ao *clinâmen* de Epicuro e Lucrécio. A cegueira do cosmo é o fundamento do niilismo de Bazárov. Se não há sentido absoluto na estrutura do cosmo e da natureza, estamos diante do nada como horizonte ontológico e de significado.

Evidentemente não se pode deduzir dessa cegueira que todos seremos niilistas. Para muitos, como Herzen, é apenas num universo cego que podemos ser realmente livres. Mas a desorientação que o conflito entre Hegel e o evolucionismo causa na Rússia a partir dos anos 1840 é importante, antes de tudo, porque deságua na afirmação de que tudo pode ser destruído (esse é o niilismo político dos jovens da geração dos anos 1860), e como dirá o niilista dostoiévskiano Ivan Karamazov, "Se Deus não existe, tudo é permitido". É a ateleologia implícita no evolucionismo que solapa a fundamentação absoluta da moral e da política em meio a inteligência pública russa existente. Num universo cego, tudo é permitido. E, como bem mostra Turguêniev, essa teoria ganha carne e osso no seu personagem que, como dissemos, representa um tipo de geração da Rússia de então, os jovens radicais dos anos 1860.

A polêmica que o romance gerou, perdurou pelo resto da vida de Turguêniev, morto em 1883 — o livro fora lançado cerca de vinte anos antes. Para os conservadores, ele havia descrito o niilista com paixão e simpatia excessivas pela causa; para os jovens radicais da geração de 1860, sua descrição fora negativa e estereotipada. E Bazárov ainda morre infeliz e tem seu amor recusado pela heroína bela, rica e fria, Anna Serguêievna. Portanto, o autor desagradou gregos e troianos. Conhecido por ser uma pessoa pouco apaixonada pelas coisas e por manter uma distância polida das polêmicas na vida pessoal, morando grande parte da vida na França, rico e aristocrático, Turguêniev recebeu mal a reação ao seu jovem niilista. Para ele, sua descrição fora apenas objetiva, mas na correspondência pessoal, reconhecera que o jovem niilista era uma figura apaixonante como tipo psicológico e histórico. Ainda no seu enterro na Rússia (morto na França, seu corpo foi levado para a Rússia), logo após a morte do tsar Alexandre II, em 1881, assassinado por jovens radicais (os niilistas), um forte esquema de segurança fora montado por parte das autoridades, por receio de que manifestações dos jovens radicais fossem realizadas em homenagem ao criador de Bazárov (nem todos os jovens radicais haviam discordado da sua descrição do niilista e tinham se reconhecido na ferocidade e dureza do jovem anti-herói).

A geração dos pais, identificados como simplesmente velhos e ultrapassados, ou como os famosos "homens supérfluos" (descrita num breve romance de Turguêniev, *Diário de um homem supérfluo*, que veremos a seguir) dos anos 1840, olhava para seus filhos radicais com certo pânico e uma enorme paixão (como vemos no romance). Esse olhar é o olhar de um envelhecimento que passa a se ver como apodrecimento, e que hoje é quase a normalidade absoluta na relação entre as gerações. A inércia de uma Rússia rica, culta e preguiçosa (representada na supérflua geração dos anos 1840) se dobrava diante da fúria que parecia transparecer nos jovens niilistas. Estes pareciam ter a coragem que aqueles não tiveram para mudar a Rússia. E de fato, olhando daqui para lá, esses jovens plantaram as sementes definitivas da Revolução Bolchevique de 1917.

Esse caráter um tanto "chique" dos radicais niilistas à época pode ser visto no romance, quando Anna Serguêievna comenta sobre Bazárov, antes de conhecê-lo, demonstrando uma curiosidade apaixonada: "Quero conhecer esse jovem que tem o luxo de não crer em nada!".

O que seria esse luxo de não crer em nada? Essa frase, parece-me, carrega todo o significado misterioso e assustador do que seria alguém conseguir viver sem crer em nada. Mas, afinal, por que isso seria um luxo? Podemos deduzir que crer em algo seria o banal, o barato, o comum, o que todo mundo faz. Ser capaz de não crer em nada indicaria um tipo de coragem selvagem que poucos têm. Não resta dúvida de que essa "apresentação" do jovem niilista para a bela mulher parece seduzi-la de início, apesar de ela, em seguida, recuar por considerar o amor algo que destruiria sua autonomia. Casar-se como ela se casará ao final com alguém insignificante e rico como ele, até é uma possibilidade, mas nunca por amor romântico. Mas, de novo, que luxo seria esse?

Esse luxo é o cerne do caráter sedutor do niilismo: ser capaz de viver sem crer ou sem esperar nada das coisas, sem perder o juízo e sem ficar disfuncional. Uma espécie de liberdade furiosa que não teme nada, nem a morte. Um niilista seria uma raça superior de pessoas capazes de não se dobrar à cegueira da natureza, e, muito pelo contrário, capazes de gozar com ela — um espírito livre, como diz Nietzsche. A figura do jovem como espírito do novo, do futuro, já tende a algum tipo de luxo semelhante: cheio de vida em oposição à falta de vida dos mais velhos, já fracassados, e, agora, destituídos até mesmo da antiga qualidade de serem sábios.

Mas a verdade é que Bazárov está longe de ser "chique". O jovem niilista é um doente. Infeliz, incapaz de se relacionar com as pessoas, carrega em si um traço característico dos revolucionários em geral: a raiva e o ressentimento que os mantêm fiéis à causa, e principalmente, à violência. Morto por se infectar durante a autópsia de um paciente com tifo, seu fim é medíocre, sem realizar nada do que imaginara para si como um futuro revolucionário. Sua última "aparição", em que é enterrado num cemitério abandonado de província, no trecho que antecede exatamente o fragmento descrito, visitado pelos velhos pais que se encostam um no outro de tão cansados, lutando para estarem próximos do que restou do único filho, indica o olhar de Turguêniev, e não de Bazárov, sobre a tragédia do jovem niilista.

Seguindo de perto as formulações do autor, pergunto-me se o amor seria capaz, de alguma forma, de vencer a morte. Essa é uma hipótese bíblica: só o amor seria forte como a morte. No caso dos pais desprezados de Bazárov, esse amor os mantém de pé, um encostado no outro, cansados, mas decididos a contemplar o que restou do filho morto. Mas o amor é histórico, como as cidades, os hábitos e as crenças, e, portanto, passa ou não chega a existir para todos. As flores que brotam no túmulo, sobre o coração pecador e infeliz do jovem morto, o olham com ingenuidade, o veem mergulhado na paz eterna da vida infinita, que é parte, por sua vez, da paz eterna da natureza indiferente. A pergunta que nos coloca Turguêniev ao final é se essa indiferença da natureza não seria, ela mesma, nosso melhor repouso. O descanso na pedra como um descanso da consciência atormentada.

3. Ivan Turguêniev: o homem supérfluo

> *Supérfluo, supérfluo... Encontrei uma palavra excelente. Quanto mais profundamente me perscruto, quanto mais atentamente examino minha vida pregressa, mais me convenço da estrita exatidão desse termo. Supérfluo — é isso. Aos poucos não se aplica essa palavra... Os homens podem ser maus, bons, inteligentes, estúpidos, agradáveis e desagradáveis, mas supérfluos... não. Ou seja, quero que me entenda: o mundo poderia passar sem esses homens... sem dúvida; mas a inutilidade não é a sua principal característica, não é o seu traço distintivo, e quando se fala deles, a palavra "supérfluo" não é a primeira que vem à boca. E eu... quanto a mim, não é preciso dizer mais nada: supérfluo, e ponto. Um homem inútil, eis tudo. Pelo visto, a natureza não contava com meu aparecimento e, em consequência disso, tratou-me como uma visita inesperada e inconveniente.*
>
> Ivan Truguêniev,
> *Diário de um homem supérfluo*

Vou dizer o nome dele apenas uma vez: Tchulkatúrin. Mesmo para mim que admiro a sonoridade da língua russa e os nomes próprios dela, não gosto desse nome. Por isso, evitarei citá-lo, também para poupar qualquer sofrimento ao(à) leitor(a) mortal. Vou me referir a ele, inclusive para respeitar o que ele demonstrou ser seu desejo mais íntimo (não que um homem supérfluo necessariamente tenha algo de "íntimo" em sua natureza inútil), como "homem supérfluo". Haveria algum vínculo entre esse homem e o niilismo que lhe é, em termos geracionais, historicamente posterior? Sim. O homem supérfluo é existencialmente morto. Ele exala o nada. Sua covardia gera desesperança a sua volta. Devemos, antes de tudo, dizer que a fortuna crítica da própria época de Turguêniev se dividia acerca das raízes desse personagem denominado pelo nosso autor como "homem supérfluo" ou, simplesmente, como "narrador". Se Turguêniev havia, de certa forma, batizado o jovem revolucionário dos anos 1860 como niilista em *Pais e filhos*, aqui ele denomina por "homem supérfluo" (a edição definitiva, sem censuras, do *Diário de um homem supérfluo*, foi publicada só em 1856) aqueles que marcaram os anos 1840. Homens bem formados, egressos da aristocracia, formados no idealismo alemão ensinado em Moscou, São Petersburgo, ou mesmo Berlim, cheios das ideias francesas herdadas da geração de 1812, que conheceu a França de perto à medida que invadia seu território nas guerras napoleônicas. A geração de 1840 viveu sob a terrível repressão do tsar Nicolau I, como consequência de dois eventos revolucionários anteriores: primeiro, a desastrada tentativa de golpe em favor de uma monarquia constitucional em dezembro de 1825; depois, as tentativas ocidentais, principalmente em Paris, de fazer outra revolução em 1848.

Nicolai Tchernitchevksi, jovem crítico identificado com a geração de 1860, um dos niilistas reais, foi duro com a geração de 1840 e a chamou de covarde. Era comum "desculpar" a imobilidade e a preguiça dos homens supérfluos culpando a repressão férrea de Nicolau I, como consequência das tentativas revolucionárias fracassadas já mencionadas. Apesar de ser um fato indiscutível tal repressão (o próprio *Diário de um homem supérfluo*, na sua primeira edição de 1850, foi censurado em vários trechos por ser considerado desqualificador das mães, dos funcionários públicos e da religião), para nosso jovem niilista radical, o motor verdadeiro dos supérfluos era a covardia.

Dostoiévski, na figura do seu Stiépan Trofímovitch Vierkhoviensky, em *Os demônios*, parece concordar com Tchernitchevski quanto ao componente de covardia moral dessa geração. Para quem está familiarizado com o debate dostoiévskiano acerca das tentativas de desculpar a responsabilidade moral com argumentos contextuais ("teorias do meio", como se dizia à época na Rússia), sabe bem que ele jamais concordaria com um argumento que esvaziasse a responsabilidade moral do agente da ação.

Por outro lado, muitos críticos entendiam que Turguêniev, nesse romance, havia aberto outra chave hermenêutica para o caráter frágil dos supérfluos. Para adentramos esse viés, voltaremos à narrativa que nosso homem supérfluo faz de si mesmo. A narrativa se abre com o diagnóstico de sua morte próxima. Ainda jovem. Passa então ao intento de escrever sobre sua vida. Daí, temos acesso à sua infância supérflua: sua suspeita de fundo é que a natureza nunca planejou tê-lo gerado. Isto é, sua chegada ao Ser fora quase um descuido.

Façamos um parêntesis filosófico que não deixará de dar algum halo de dignidade a esse miserável filho de um descuido ou descaso. Turguêniev estava bem a par do impacto das ciências naturais no debate intelectual russo (e europeu como um todo). Voltaremos às influências filosóficas e científicas no pensamento de Turguêniev, quando discutirmos os debates entre ele e Alexander Herzen ao redor do evolucionismo e do pensamento do filósofo alemão, grande pessimista e irracionalista, Arthur Schopenhauer. Seu niilista Bazárov, que viria à luz aproximadamente dez anos depois, dissecava rãs, e elas eram o máximo até onde ia qualquer crença sua em algo. Lembremos que Bazárov é descrito como o "homem que se dá ao luxo de não crer em nada". O impacto das ciências naturais se amplia à medida que o evolucionismo, mesmo antes de Darwin (*A origem das espécies* é de 1859), introduz a ideia de uma natureza cega e sem *telos* (finalidade, como dissemos anteriormente, mas é sempre bom lembrar). Nosso supérfluo parece supor que outros seres seriam filhos de uma intencionalidade da natureza, enquanto ele não. Enganou-se, pobre coitado, mas, nesse engano, foi mais longe do que os seres que supõem uma intencionalidade na sua existência: somos todos supérfluos do ponto de vista da cegueira da natureza, filha e mãe da contingência. Ontologicamente, somos todos supérfluos. A ansiedade do nosso supérfluo é a que anuncia a ansiedade moderna: a contingência é a mãe de todas as ansiedades. Nosso infeliz, por volta de 1850, é o homem do futuro.

Mas esqueçamos a filosofia e voltemos a sua miséria psicológica. O homem supérfluo não se sentia amado, coitado! Mãe dura, pai ausente, viciado em jogo. Biógrafos do autor fazem um paralelo do personagem com o autor: ambos da geração que amadureceu nos anos 1840 (Turguêniev nascera em 1818), ambos tiveram mães terríveis e pais ausentes e viciados. O pai do personagem em jogo. O pai do autor, no vício mais velho do homem, o sexo feminino.

Entretanto, logo o protagonista desiste de falar de si mesmo porque descobre que sua vida nada tinha de interessante. Seu diário se torna historicamente desinteressante. Pelo menos, nosso narrador tinha algum senso de ridículo, diferente dos contemporâneos, que julgam muito interessante filmar a si mesmos cozinhando brócolis e postar nas redes sociais da vez. Devo me desculpar por mais um acesso de romantismo ao julgar os antepassados mais consistentes do que nossa vã geração contemporânea. O senso do ridículo se torna, pouco a pouco, um traço do passado, assim como o cavalo como meio de transporte. Nesse instante, o narrador faz sua grande descoberta. Seu essencial insight, em si, profundamente histórico: ele era um homem supérfluo. E o que caracteriza essa condição é sua inutilidade. Homens podem ser tudo, até maus, mas inúteis como ele, não. Os maus são lembrados e têm uma função. Os inúteis não servem nem para o mal.

A inutilidade desses homens, da geração dos anos 1840 na Rússia, caracterizou-se por receberem toda a influência progressista ocidental e não fazerem nada com ela. Choraram, lamentaram-se, viram-se como ultrapassados diante dos seus "filhos", a geração niilista dos anos 1860, escreveram até poesias, amaram mulheres e foram incapazes de tomá-las nos braços, enfim, inúteis até para a posse do sexo feminino. Essa mesma posse que elas tanto desejam, mesmo que nos últimos anos mintam muito sobre isso. Aliás, esse traço específico de incapacidade será objeto de grande parte do *Diário de um homem supérfluo*, e vamos dedicar algumas poucas linhas a ele. Antes, aviso o(a) leitor(a) que em breve voltaremos à relação entre as gerações dos anos 1840 e 1860, ou seja, ao vínculo de formação que a primeira teve sobre a segunda, mas para isso dedicarei o próximo ensaio ao diálogo com Dostoiévski e seus demônios.

Liza é a heroína feminina e objeto de paixão do nosso narrador. Mas, evidentemente, ela desdenhará do nosso supérfluo em favor de um jovem príncipe poderoso, recém-chegado à província miserável em que nosso narrador morará em seus últimos dias de vida. Ele vai para lá a fim de trabalhar no exercício do serviço público, algo muito comum entre a aristocracia de então. Já o jovem príncipe passará um tempo nessa província miserável (ele, claro, era de São Petersburgo, capital petrina do império) e depois seguirá sua vida sem Liza, em São Petersburgo, deixando-a aos prantos, sozinha, em busca de um novo partido. Nosso protagonista inútil chegará mesmo às raias da loucura, querendo duelar com o príncipe para defender a honra da "sua" Liza imaginária, que o via como inútil, e que, nesse sentido, enxergava as profundezas da sua alma. Aliás, devemos lembrar a leitora que é comportamento muito comum dos homens inúteis se fazerem de rogados em nome da honra das mulheres que eles mesmos são incapazes de possuir e, portanto, penetrar. Não são capazes de oferecer a suas amadas aquilo que de fato uma mulher espera de um homem minimante útil em sua condição masculina: ousadia e coragem ao abordá-la e transformá-la em objeto sexual. Nosso infeliz sabe que o máximo que despertará numa mulher será o desejo de sua velha e feia criada de que ele logo morra para que ela possa vender suas botas.

Passemos agora à resposta da questão anterior: qual a relação entre os supérfluos e os niilistas? Para pensar a respeito, passemos a Dostoiévski.

Mas, antes, uma pequena nota sobre essa relação ainda em nosso breve romance. O homem supérfluo sente o nada de ser que o habita justamente pela inutilidade de sua vida. Grande parte da experiência existencial válida que temos nasce da consistência com a qual desempenhamos algumas funções, e isso nada tem a ver, a priori, com sentir-se apenas uma função. Quando alguém começa a se sentir "uma mera função" é porque outras áreas da sua vida começaram a ruir.

O serviço público numa província miserável como aquela era um nada. Sua vida privada, vazia, preenchida apenas pelo quarto miserável em que morava, imerso na solidão, era um nada. Ocupava-se de visitas inócuas à família de Liza, que, por sua vez, apresentava aquela característica tão bem descrita por

Nicolai Gógol em sua magnífica obra: ratos que se movem em busca de ascensão social, como vermes parasitas soltando palavras em francês diante do jovem príncipe, supostamente poderoso, de São Petersburgo, oficial da burocracia de médio porte no império (senão, não estaria a serviço numa tal província miserável como aquela, estaria em missão em algum lugar mais importante). O nada é contagioso e se reproduz no plano dos vínculos sociais, como uma peste (Gógol foi um mestre em descrever esse contágio). E nesse plano, o nada se torna sólido como gelo e visível como uma sombra. A tentativa de escapar da irrelevância da vida, do nada social da quase totalidade de nós, exala das páginas de Gógol.

Nosso homem supérfluo era o único que sentia o nada palpitar em seu coração. O niilismo tem múltiplas formas, uma delas é a verdade silenciosa que tememos ser a única narrativa de nossa vida que não seja uma farsa: somos inúteis e, muitos de nós, sem nenhum talento especial. Esse comportamento facilmente pode nos levar a uma espécie de estoicismo miserável e antissocial, como o do nosso homem supérfluo.

4. Fiódor Dostoiévski: o diálogo entre supérfluos e niilistas a partir de Os demônios

> Ele era uma daquelas personalidades russas idealistas que são repentinamente tomadas por alguma ideia apaixonante e que parecem inundadas de paixão por ela imediatamente, às vezes mesmo para sempre. Elas nunca são realmente capazes de lidar com essa ideia, mas elas a professam, apaixonadamente [...].
>
> Fiódor Dostoiévski,
> Os demônios

A relação entre supérfluos e niilistas está posta, de forma irônica, no título do romance de Turguêniev, *Pais e filhos*. Os primeiros são pais dos segundos. A questão é como se deu essa "pedagogia" ou essa formação da geração dos "filhos"? Para além do contexto repressor de Nicolau I, que foi fundamental, qual era a arquitetura moral desses pais supérfluos?

Um dos romances que melhor descreve essa relação, me parece, é *Os demônios*, de Dostoiévski. Uma das qualidades dessa descrição são os insights ali oferecidos de como aquele tipo de pedagogia dos supérfluos para com os futuros niilistas serão, em muitos aspectos, proféticos com relação ao curso que a pedagogia moderna seguiria, até os dias de hoje.

Stiépan Trofímovitch Vierkhoviensky, pai de Piotr, o niilista radical inspirado na figura histórica do niilista e terrorista Sergey Nechayev, é um homem supérfluo. Supostamente perseguido em São Petersburgo e Moscou por ter tramado contra o tsar — não há provas de que isso tenha ocorrido de fato —, intelectual supostamente especializado na influência islâmica na Rússia (os povos caucasianos, que sempre fizeram parte do império russo, são em maioria mulçumanos, mas essa "influência" seria seguramente muito periférica — Tolstói tratou desses povos no seu romance tardio *Khadji-Murát*), Stiépan vive à custa de Varvara Stravoguina, milionária, "dona" da pequena cidade provinciana, periférica como a cidade em que vai viver nosso homem supérfluo de Turguêniev, mas este, pelo menos, ainda trabalhava no serviço público.

Stiépan escrevia cartas em francês para Varvara, apesar de viverem na mesma casa, o que demonstra a afetação de sua personalidade, já que se expressar por cartas e em francês era indicativo de nobreza e sofisticação entre os russos da elite aristocrática. Pessoa de alma "muito profunda e delicada", pouco talhado para a vida real, não gostava dos incômodos de acordar cedo, como diz nosso narrador.

Aliás, o narrador é um detalhe essencial. Ele abre o romance dizendo que tudo que vai contar soube por intermédio de Stiépan, e mais adiante aparece como personagem dentro do enredo. Nabokov, que considerava Dostoiévski um escritor de araque, diria que aí está uma prova de sua tese sobre a péssima qualidade do escritor. Esquece o que é dito na abertura do romance. Mas nem todo mundo pensa como Nabokov, muito menos este que vos escreve. *Os demônios* é uma obra sobre o niilismo, *o mal*, nos termos do autor. Ter um narrador que erra ou mente não faz nenhuma diferença, já que o niilismo pressupõe a ausência de critérios normativos de certo ou errado, bem ou mal, verdade ou mentira. O experimento narrativo de Dostoiévski é mostrar como um mundo narrado por um niilista (imaginemos a fala de Macbeth sobre a vida ser um conto narrado por um idiota, cheio de som e fúria, significando nada como uma analogia perfeita neste caso) não tem nenhuma obrigação de ser consistente. A desorientação decorrente é o efeito moral e psicológico da experimentação estética do narrador. Voltando ao nosso supérfluo. Sujeito preguiçoso, afirmava crer em toda a pedagogia moderna. O fato é que a pedagogia é, sem dúvida, a louca da casa nas humanidades. Dostoiévski anuncia aqui o efeito que um adulto "liberal" da geração dos anos 1840 teria sobre seu filho radical, da geração dos anos 1860.

As ideias ocidentais, principalmente naquilo que tinham de desarticuladoras dos costumes russos ancestrais (mas, nem por isso "melhores"), criaram as condições de possibilidade para os filhos passarem ao ato da descrença plena nos valores instituídos. Essa passagem ao ato é o niilismo tal como ocorreu na Rússia de forma explícita, e segue ocorrendo no século XXI de forma incremental e implícita. O niilismo é uma prática, como toda ética, sustentada na inconsistência ontológica da condição humana. É um agravamento do achado sofista. A questão é: Por acaso os valores russos pré-modernos eram suficientes e eficazes para manter uma vida decente? Creio que não, obviamente, e os autores russos, na sua maioria, deixam isso claro na hermenêutica russa da modernização que estabelecem. Esse debate ocorrerá de forma acalorada na inteligência russa de então. A idealização dos camponeses (os mujiques) por parte de alguns importantes integrantes da inteligência pública de então, como no caso de Herzen, Tolstói e do próprio Dostoiévski, é sinal de que alguns viam no modo de vida coletiva, "natural" e pobre dessas pessoas um indicativo do que resistir na modernização capitalista e individualista. Mas, como bem mostraram Turguêniev e Tchékhov, essa idealização era falsa: os mujiques (camponeses russos) eram miseráveis, ignorantes, apesar de terem, obviamente, qualidades de sobrevivência, inteligência, afeto e generosidade, como todos os seres humanos são capazes de ter. Mas, para além da polêmica "populista", como era chamada na época a idealização dos camponeses, o fato é que a vida humana nunca foi decente plenamente. O romantismo erra de forma crassa ao idealizar o passado. E a miséria do passado alimentará a revolução niilista na Rússia. O problema é que a resposta ao niilismo não é a existência de um mundo consistente moralmente: esse mundo nunca existiu. A acusação niilista tem fundamento. Qualquer possível consistência da moral é muito mais complexa do que pensa nossa vã moral contemporânea, que endossa um Nietzsche de bolso, centrado na insustentável crença de um fundamento pessoal e individual da moral.

O homem supérfluo segue existindo hoje entre nós, assim como seu filho, o niilista. O supérfluo hoje é, talvez, um pouco menos deprimido e imóvel do que o personagem de Turguêniev, mas seguramente continua um irresponsável como o personagem de Dostoiévski: preguiçoso, criador de autojustificativas supostamente "inteligentes" para seus maus hábitos, incapaz de sustentar qualquer vínculo minimamente sólido, como diria o sociólogo Zygmunt Bauman. O marketing abraçou o homem supérfluo no seu encantamento com todo tipo de discurso supostamente progressista sem perceber o efeito corrosivo que esse discurso tem sobre a "máquina moral" do mundo. O fetiche com a "inovação" como paradigma da educação é o coroamento do supérfluo como "educador".

Quando o supérfluo encontra a fetichização da "nova" vida no marketing, o efeito desse discurso sobre a formação dos mais jovens é óbvio: a permissão para desqualificar tudo à sua frente, tudo que veio antes deles, principalmente se for trabalhoso moralmente e se exigir algum grau de amadurecimento. A cegueira irresponsável e autoindulgente de Stiépan permanece fazendo "filhos". E a educação moderna é um rebento direto desse homem inconsistente.

5. Alexander Herzen e seu debate com Ivan Turguêniev (Schopenhauer e Darwin contra Schelling e Hegel na Rússia do século XIX): tristeza, ceticismo e ironia

> *Na natureza, como na alma dos homens, permanecem entorpecidas incontáveis forças e possibilidades, sob condições favoráveis elas se desenvolvem... ou elas podem ficar pelo caminho, ou tomam outra direção, param, colapsam. A morte de um homem não é menos absurda do que o fim de toda a raça humana. Quem garantiu a imortalidade do planeta? Ele será tão pouco capaz de sobreviver a uma revolução no sistema solar quanto o gênio de Sócrates a cicuta... No todo, a natureza é perfeitamente indiferente ao resultado... Ela, tendo enterrado toda a raça humana, começará tudo de novo alegremente...*
>
> Alexander Herzen,
> Da outra margem

Herzen inspirou o subtítulo deste livro: tristeza, ceticismo e ironia. Essa foi sua resposta a um texto do historiador francês Jules Michelet sobre o caráter mórbido da inteligência russa do século XIX e sua "anatomia patológica" obsessiva da natureza humana, nas palavras do historiador. Herzen respondeu que essa anatomia patológica russa se devia ao excesso de tristeza, ceticismo e ironia que os russos experimentavam em suas vidas.

Tristeza, ceticismo e ironia se transformam, assim, nos limites dessa investigação, em categorias epistemológicas, sociais e psicológicas que tornaram possível a essa mesma inteligência russa identificar o niilismo como parte intrínseca da modernização de forma aguda, e, portanto, expor a intimidade dinâmica do surto psicótico que é a modernidade. É desse solo que brota minha metáfora interpretativa: a literatura russa do século XIX é uma hermenêutica da modernidade, essa hermenêutica é a anatomia patológica mencionada por Michelet.

Identificar o burguês não foi privilégio da literatura russa, os franceses o fizeram de forma brilhante também. O caso específico dos russos, creio eu, foi o de viver esse processo de passagem do neolítico à modernidade, e a revolução sonhada pelos ocidentais, num espaço de cinquenta anos, levando as ideias ocidentais ao extremo da prática, sem os anteparos críticos e institucionais que o Ocidente tinha construído ao longo dos séculos de modernização, que funcionaram como freios e contrapesos aos extremos das práticas políticas e sociais, como diz a historiadora do pensamento russo do século XIX, Aileen M. Kelly. E, justamente por viverem isso de forma tão "compacta", foram capazes, cognitivamente, de perceber e atuar no niilismo intrínseco (ou estrutural) à modernização, de forma sociológica, política e existencial, de modo mais preciso, da mesma forma que os românticos alemães. Esse caráter compacto no tempo e no espaço teria colocado lado a lado o afeto da tristeza e da desesperança, a dúvida sistemática com relação às promessas da modernização liberal e capitalista (o ceticismo) e, finalmente, a ironia como prática resultante dos dois elementos anteriores. Na Rússia, modernidade liberal e revolução fracassaram. A modernidade nunca saiu do passado, mas já habita, de certa forma, nosso futuro.

No bojo do acirrado debate russo de então, talvez a humanidade tenha tocado num núcleo duro de sua experiência ancestral: na verdade, nossas crenças, sejam elas quais forem: religiosas, morais, políticas, científicas, não estão assentadas em sólidas bases epistêmicas. Platão estava errado, Protágoras estava certo. E isso não implica um final relativista feliz do drama, mas o encontro com o niilismo mais profundo como experiência da consciência histórica moderna. Nas palavras de Bakhtin, o "carnaval intelectual" russo que se seguiu à morte do tsar repressor Nicolau I, em 1855, inaugurou de forma febril e plena o processo revolucionário niilista na Rússia. Se pensarmos a história moderna numa chave de longa duração (como dizia o historiador francês Fernand Braudel), podemos, sim, estar diante de um lapso de tempo em que descobrimos que nada do que cremos é realmente um fato, ou é quase um nada de realidade, a despeito do que a ciência consegue reduzir em termos de incertezas. Porém, é a própria ciência que, na sua face evolucionista em pleno século XIX, trouxe de volta a cegueira epicurista para o seio do mundo e da alma. E onde há contingência (a cegueira epicurista) como realidade ontológica, não há fundamento absoluto de nada.

Seguindo nosso método de sustentar a argumentação na produção intelectual russa do século XIX, dialogarei agora com a polêmica entre os defensores de Hegel e Schelling versus os defensores do evolucionismo, a partir do olhar do polemista Alexander Herzen. Trataremos também da participação nesse debate de Ivan Turguêniev e o essencial lugar do filósofo alemão Arthur Schopenhauer entre os dois autores russos. Nosso objeto será a herança filosófica que o evolucionismo estabeleceu no seio da interpretação da história e suas dimensões morais e políticas entre os intelectuais russos de então. O estudo capital de Aileen M. Kelly, *The Discovery of Chance: The Life and*

Thought of Alexander Herzen, sem tradução em português, sobre a obra de Herzen, assim como os ensaios de Isaiah Berlin em *Pensadores russos*, são elementos essenciais no tratamento dessa polêmica. O lugar particular de Tosltói nesse debate será tratado à parte devido à grandiosidade de sua teoria da história para a hermenêutica russa da modernização do século XIX. Tolstói é uma espécie de anti-Hegel gigante que sofreu psicologicamente e espiritualmente a vida inteira por sê-lo.

Hegel e Schelling marcaram profundamente a entrada da filosofia moderna na inteligência russa em formação, nos anos 1830 e 1840 — além, é claro, de todo o debate francês e inglês acerca de política e economia ao longo do século XIX, fundando as polêmicas socialistas e liberais.

O pensamento de Schelling e Hegel ofereceram aos russos, e aos europeus em geral, uma visão da natureza e da história marcada pela percepção de harmonia final da vida política e social. A polêmica que essa visão estabeleceu, quando a entrada do evolucionismo se fez presente, está no centro do pensamento de Alexander Herzen e sua correspondência com Ivan Turguêniev (um liberal relutante).

A filosofia da natureza de Schelling, como era conhecida na Rússia, acomodava a angústia humana diante do cosmo. Sendo a natureza para Schelling e seus seguidores um processo vivo, orgânico, dinâmico e harmônico, ela exercia, como conceito, o papel de parceira ontológica, como eu dizia anteriormente, diante de um universo, desde Newton, à beira da escuridão e da solidão, como já tinha sido apontado por Blaise Pascal no século XVII. O homem sofre com o risco da solidão cósmica. A expressão "indiferença da natureza", recorrente à literatura russa do XIX, por exemplo, em Turguêniev — como vimos em *Pais e filhos* —, Herzen (citação da abertura do capítulo), é um alerta e um horror para o medo da solidão cósmica. Uma natureza vista pelos olhos de Schelling é uma natureza acolhedora, o oposto da indiferença. A natureza vista pelos olhos do evolucionismo é uma natureza indiferente, para a qual a morte da humanidade e a morte de Sócrates tanto faz, como diz Herzen. Engana-se quem pensa que essa questão seja uma especulação abstrata. O "luxo de não crer em nada", apontado como sendo o luxo do niilista em *Pais e filhos*, deixa claro que crer em algo é ter alguém que nos ouve nesse drama do combate à solidão cósmica. O luxo da descrença teria sido dado a poucos. E menos ainda resistiriam a ter recebido esse luxo.

Vejamos agora o papel do hegelianismo nesse processo. Como vimos quando dialogamos com Turguêniev, a emergência da ateleologia evolucionista trouxe à tona a cegueira atomista para o seio do ser mais uma vez. A velha contingência, mãe de todas as ansiedades, sempre contida pelas metafísicas e crenças religiosas em geral (nem todas, porque a religião grega era trágica, e, portanto, tinha a contingência no coração da ação dos deuses e das moiras), voltou à cena, com ares de ciência. Onde residiria a diferença entre a evolução tal como afirma o evolucionismo, principalmente na sua forma darwinista, e a concepção de evolução histórica na filosofia hegeliana, tão importante na formação do pensamento dos séculos XIX, XX e até hoje? Aliás, vale salientar que, até hoje, há uma espécie de hegelianismo "estrutural" e latente no senso comum. Perguntas como: "Para que veio uma pandemia?", ou declarações como: "O sofrimento vem para equilibrar os delírios da riqueza", ou quaisquer outras semelhantes carregam esse hegelianismo difuso, mas nem por isso menos estrutural em nossa visão de mundo. A defesa da contingência como ontologia feita, de formas distintas, por Herzen, Turguêniev e Tolstói, ainda hoje causa horror a uma cultura hegeliana estrutural, latente e difusa.

A herança hegeliana, como se sabe, desenvolveu-se tanto naqueles que foram identificados como conservadores ou liberais (mais prudentes, no sentido de Edmund Burke) como naqueles que foram denominados "jovens hegelianos", ou hegelianos de esquerda — Karl Marx, Ludwig Feuerbach, David Strauss são alguns desses luminares. Os jovens hegelianos foram "discípulos" rebeldes, de certa forma porque romperam com a metafísica do Espírito Absoluto, mantendo, entretanto, muito da crença num processo histórico, acumulativo, incremental e organizado por um *telos* (finalidade) em que a harmonia histórica, mesmo que materialista, permaneceria no horizonte de sentido, como o fruto inexorável da racionalidade prática humana. A racionalidade do real (isto é, a realidade tem um sentido intrínseco e isso nos conforta) se manteve, mesmo que mediada pelas relações materiais (Marx) e sensoriais (Feuerbach) e não mais ideais como no pensamento original do mestre. Portanto, a evolução histórica, seja na visão metafísica original (Hegel), seja na visão mais histórico-materialista (Marx) ou anti-idealista (Feuerbach), permaneceu dentro de um horizonte em que a parceria com o Ser da vida, do mundo e da sociedade ainda se mantinha ativa e organizadora do sentido das coisas. Lênin também terá que romper com esse processualismo marxista para realizar a revolução "antes" da hora predita pelo socialismo "científico" de Marx.

O hegelianismo liberal acreditava na possibilidade de a Rússia seguir o curso da Europa Ocidental e desenvolver um regime monárquico constitucional "mais brando", com garantias de direitos e mecanismos de representação populares institucionais. A posição de Turguêniev se aproximava mais dos liberais do que dos radicais, mas sua adesão aos liberais sempre foi um tanto contida pela influência do filósofo alemão pessimista Arthur Schopenhauer em sua visão de mundo profunda. Veremos mais de perto a visão de Schopenhauer na segunda parte de nosso percurso.

Herzen, por sua vez, aproximava-se mais dos radicais do que dos liberais, apesar de não ser um aberto defensor do niilismo agressivo de radicais como Tchernitcheviski. Por essa preferência pelos radicais contra os liberais, Herzen era citado por Lênin como o primeiro socialista da Rússia. As discussões entre Herzen e Turguêniev ao redor do evolucionismo e de Schopenhauer (que também será objeto de reflexão por parte de Tolstói) nos servirá como pedra de toque para entender a crítica a Schelling e a Hegel na inteligência russa de então.

Sendo assim, as questões que me coloco são: em que medida a visão evolucionista de mundo, com sua cegueira ontológica, pode ser vista como uma afirmação da concepção schopenhauriana do Ser? De que forma ambas servem de contraponto ao "otimismo" de Schelling e Hegel? Até onde Herzen e Turguêniev concordam acerca dessa possível convergência entre Darwin e Schopenhauer? Seria o evolucionismo uma forma "científica" de pessimismo schopenahauriano? Quais seriam as consequências dessas hipóteses para o debate político, social e existencial? Em que medida Darwin e Schopenhauer teriam percebido, de formas diferentes, a fundamentação de uma concepção niilista de mundo? E, se ela existir, o que fazer a partir daí? Sobre esse último ponto, Herzen e Turguêniev discordarão significativamente.

Para facilitar a discussão, indaguemos se Schopenhauer e Darwin dizem a mesma coisa. E mais: se, ao discordar de Hegel e Schelling, Schopenhauer e Darwin partiram do mesmo pressuposto "pessimista".

A rigor, Schopenhauer e Darwin não dizem a mesma coisa. Darwin era um observador da Natureza, um "naturalista", como se dizia. Schopenhauer era um filósofo especulativo, típico do idealismo de matriz romântica alemã do século XIX. Ainda que ele fosse um crítico irônico de Hegel, eram da mesma matriz filosófica metafísica, com o traço de ser uma metafísica imanente, no sentido de não postularem seres transcendentes à realidade do mundo. Darwin era um empirista, e Schopenhauer era um metafísico imanente. Mas há um diálogo em termos de consequências sociais, existenciais e políticas entre os dois gigantes. São exatamente essas consequências que Turguêniev e Herzen capturam de forma sofisticada. Suas diferenças nascem dessas semelhanças consequenciais entre o inglês e o alemão.

Darwin teria comprovado cientificamente, com a cegueira ontológica do processo evolucionário, a teoria pessimista de Schopenhauer? Este seria o criador do pessimismo como filosofia sistemática, nas palavras de Thomas Mann, em *Pensadores modernos: Freud, Nietzsche, Wagner e Schopenhauer*. Para Mann, Schopenhauer fora o criador da visão do homem como doente ontologicamente, em oposição ao otimismo iluminista e idealista alemão (Fichte, Schelling e Hegel). O grande pessimista entendia que "a coisa em si" kantiana, o "noúmeno", ou a substância última do Ser, inapreensível pelas categorias humanas de sensibilidade (espaço e tempo) e do entendimento (causalidade e categorias), era uma vontade louca, cega, irracional, despedaçada em vontades múltiplas e conflitivas (matriz da pulsão freudiana).

Resumindo: Schopenhauer afirmava que Kant chegou à fronteira do Ser em si, mas não a enunciou. O Ser é vontade, e essa vontade é eternamente insatisfeita, nunca repousa e, quando o faz, joga-nos num tédio profundo. Essa ideia do Ser como movimento já aparece na Grécia, em Heráclito, mas sem esse componente pessimista, assim como em Fichte e Schelling, mas, nestes, encontra-se com um componente fortemente harmônico, otimista e construtivo.

Para o debate russo de então, Darwin e Schopenhauer se encontram na posição oposta a Schelling, Hegel e Marx, na medida em que os dois primeiros ferem o princípio do sentido otimista da natureza e do cosmos (Schelling) e da história (Hegel e Marx). Nos otimistas há *telos*, nos pessimistas há cegueira ou ausência de *telos*. A diferença entre Darwin e Schopenhauer está no fato que, apesar de no primeiro a cegueira ferir a finalidade otimista do Ser e do cosmos, não nos condena a uma irracionalidade infinita a priori, como no segundo.

Herzen tomará essa diferença como essencial em sua teoria revolucionária e em sua percepção existencial da condição humana. Já Turguêniev tomará o tom sombrio schopenhauriano como consequência para o não sentido da vida. Herzen apostará na falta de sentido evolucionista como chave da abertura para a liberdade individual e coletiva, e, portanto, negará que não haja saída para o sofrimento humano e o atraso russo. Essa ruptura de Herzen com o hegelianismo ajudará Lênin a romper com a lógica determinista histórica de Marx. A liberdade nascerá justamente da cegueira ontológica, por isso, Nietzsche será simpático ao pensamento de Herzen, assim como Isaiah Berlin, no século XX, como fica claro em *Pensadores russos*.

Turguêniev evoluirá ao longo do seu debate público, sempre mais "blasé" do que Herzen, para um liberalismo desencantado e pessimista, desaguando num "risco" estoico, aliás, como o próprio Schopenhauer, na medida em que este acreditava que a única forma de pôr algum limite ao império destrutivo da vontade louca era uma vida tranquila, afastada das ilusões do desejo, próxima a sua ética do asceta como um estoico moderno.

Por isso, Berlin dirá que entre os três mais afetados pela concepção de um cosmos cego — Herzen, Turguêniev e Tolstói —, apenas Herzen conseguiu integrar na sua vida pessoal, intelectual e política as contradições sem sentido a priori da realidade, filha do acaso, apesar de ter tido uma vida privada rasgada por infelicidades afetivas e existências. Nas palavras de Berlin, Herzen nunca perdeu o "sentido da realidade" (expressão do autor britânico que deu nome a uma das suas obras capitais, *O sentido da realidade*), ao abraçar a falta de sentido última da história. Turguêniev se aproximará cada vez mais de um quietismo atormentado pelo mundo exterior e Tolstói optará por um estoicismo ativista, atormentado por sua histórica depressão e dicotomia entre coração e intelecto. Para Berlin, Herzen acabou por ter uma vida mais "saudável" ao superar o horror da cegueira do mundo e do Ser. A descoberta do acaso não teria destruído Herzen nem existencialmente, nem politicamente. O mesmo não seria fácil dizer de Turguêniev e Tolstói.

A opção de Herzen pelo aproveitamento político de uma história "atrasada" da Rússia ficará clara na sua defesa da pobreza material dos mujiques, que os levava a um "comunismo natural" como "kairós" (oportunidade histórica) para apartar a Rússia das expectativas hegelianas (lidas pelos russos) de uma evolução histórica natural em direção a uma Rússia que necessitaria imperativamente passar do neolítico ao capitalismo liberal ocidental, e, finalmente, ao socialismo. Para Herzen, o socialismo de matriz natural, presente nos modos de vida dos mujiques, seria a chave para entender que, como não há sentido histórico, somos livres para "inventá-lo", na prática revolucionária. Ao final, ele não deixava de ver de forma um tanto idealizada a condição do "homem natural" russo. Lênin, posteriormente, usará de argumento semelhante para justificar uma revolução na Rússia "antes" do processo marxista pleno, daí os elogios póstumos a Herzen como um bolchevique *avant la lettre*, o que não se sustenta quando entendemos o pensamento de Herzen de forma mais atenta. Entretanto, esses detalhes não nos interessam aqui. Lênin nos interessa muito mais como um filho do niilismo ativo dos anos 1860, como um Bazárov bem-sucedido.

Herzen e Turguêniev percebem o niilismo decorrente tanto do evolucionismo quanto de Schopenhauer. Entretanto, Turguêniev será mais "schopenhauriano" do que Herzen: enquanto o primeiro buscará um certo quietismo, o segundo verá na cegueira ontológica as condições de possibilidade para a liberdade de ação, daí, como dissemos acima, Herzen poder ser assimilado a uma filosofia nietzschiana da ação livre. Também Lênin, mais afeito a agir do que a pensar, filho dileto de Tchernitchévski e seu livro *O que fazer?*, fará uso do niilismo implícito para fins éticos e políticos, com o intuito de defender sua revolução em que os limites da teoria são os interesses da prática. A posição de Herzen será, portanto, de forma oportunista, mas no limite, correta, assimilada por Lênin como uma justificativa ontológica (ainda que Lênin não tivesse uma natureza nem um pouco voltada à filosofia) para um niilismo prático radical. Vale salientar, no entanto, que Lênin abandonará a idealização do mujique em favor da opção marxista pelo proletariado industrial da época, ainda que este nunca tenha sido idealizado por Lênin, que considerava o povo em geral incapaz de tomar, pelo menos naquele momento, as rédeas da própria vida.

Não podemos afirmar que Darwin fosse um niilista prático. Já Schopenhauer, sim. O primeiro entendia sua função como cientista que esclarece a humanidade sobre sua verdadeira condição cósmica (a natureza é indiferente), o que fazer a partir dessa constatação e explica a liberdade de ação que daí nasceria. E é justamente isso que faz Herzen com seu niilismo prático: somos livres para fazer o que quisermos, melhor não termos mesmo parceria nenhuma com o Ser porque esta seria uma prisão. Turguêniev entendia que a filosofia de Schopenhauer deveria nos preparar para viver de forma sábia, o mais longe possível da vontade. Mas ambas as teorias implicam o niilismo como um pressuposto teórico e uma consequência prática e existencial: não existindo fundamento numa causa primeira organizadora (e racional) do cosmos e da história, não há, portanto, uma consequência lógica nos atos humanos, nem no sentido da existência. Dostoiévski é o autor que de forma mais direta tirou essa conclusão com seu filósofo Ivan Karamázov, estabelecendo o assassinato do pai como marco fundamental do niilismo prático, que tanto "encantou" Freud.

E como chegamos à tristeza, ao ceticismo e à ironia como condições de possibilidade de que a anatomia patológica praticada pelos russos do século XIX apreendesse melhor a dinâmica niilista da experiência moderna?

A tristeza é um afeto. Já foi visto como um pecado. Ceticismo é um conceito epistemológico, transita pela negação do conhecimento absoluto e funciona como um ácido corrosivo em ambientes de muita fé no conhecimento e mesmo na ciência. Ironia é uma prima próxima do ceticismo que descortina elementos morais escondidos por detrás de argumentos insustentáveis. O caráter sarcástico da ironia é, justamente, essa dúvida metódica, hiperbólica, diria Descartes, que foi usada por autores distintos como Sócrates, Pascal e Kierkegaard, com o objetivo de trazer à luz conteúdos que a sociedade a sua volta tentava esconder, muitas vezes com teorias e práticas sofisticadas. Quando esses três elementos, elencados por Herzen, são postos lado a lado, o que acontece com a anatomia da realidade? A tristeza foi considerada na Idade Média como um pecado porque, por exemplo, no entendimento de São Tomás de Aquino, ela era a consequência da tomada de nosso coração, órgão da vontade, pelo demônio. Daí a tristeza estar associada à preguiça e à descrença na Criação, o que nos faz pensar que o ceticismo pode estar intimamente associado à tristeza como afeto que lhe é simétrico. A suspeita de que o ceticismo e a tristeza podem nos levar facilmente ao niilismo é um clássico na filosofia e na psicologia. Já a ironia é comum em personalidades niilistas, visto que uma das marcas do niilismo é desvelar o que está escondido nos corações hipócritas ou aterrorizados pelos medos essenciais que atormentam uma espécie em desespero contínuo — ou "estrutural".

Herzen entende que esses três elementos sustentam a anatomia patológica russa da natureza humana na medida em que a tristeza (afeto), causada por uma vida extremamente infeliz e violenta ao longo de séculos, causaria uma disposição natural para a desesperança. Esta fortalece o ceticismo como dúvida constante contra qualquer forma de conhecimento que não sustente a própria desesperança. Desesperar da vida é desesperar das soluções oferecidas a ela.

O modo compacto e violento como a modernização capitalista foi "oferecida" à Rússia — num espaço, alargando a medida cronológica de no máximo cem anos —, e as mazelas que ela trouxe, deu aos russos a possibilidade de não criar crenças sólidas em relação à modernização capitalista, como ocorreu no Ocidente. A Rússia e as instituições necessárias, que demandam muito tempo para se constituírem, não tiveram tempo hábil para criar uma crença objetiva mais sólida na democracia liberal, nem na promessa de enriquecimento por meio do capitalismo para a esmagadora parcela da população. A tristeza se traduziu num ceticismo prático. Muitos diriam que o ceticismo pode ser compreendido como uma tristeza na sua versão prática. O ceticismo no seu aspecto propriamente epistemológico, ao negar a crença na possibilidade de o conhecimento racional desvendar os mistérios cobertos pela ignorância, impulsiona, como em David Hume, no século XVIII, uma valorização dos hábitos, mesmo que terríveis, simplesmente porque eles duraram milênios. Quase como se o pré-histórico em nós permanecesse ativo nos seus costumes herdados do alto paleolítico. E a Rússia no século XIX é neolítica na sua maior parte. A ironia (o encontro entre a tristeza e o ceticismo) se transforma na ética de quem desespera da verdade como parte do contrato social ou do futuro: todos mentem, logo, não devo nada a ninguém. O interessante é que esse conjunto de elementos pode, facilmente, disparar um processo de violência sentida como a única forma de se recuperar a esperança. O desprezo pelo mundo à sua volta pode, como aconteceu na Rússia de Lênin, levar multidões à utopia movida pelo afeto do ódio ao mundo real. A tristeza, como descrita pelo historiador inglês, especialista em história da Rússia, Orlando Figes, nos olhos das vítimas do massacre de 9 de janeiro de 1905 pelas tropas do tsar, rapidamente se transformou no olhar de quem, a partir daquele momento, passava ao ódio como única disposição psicológica para essas vítimas desesperançadas de Deus e do seu tsar.

Portanto, a anatomia patológica russa e a morbidez percebida nela por Michelet acabaram por se constituir num motor afetivo essencial para a violência niilista dos bolcheviques. Essa potência da violência niilista foi percebida por diferentes autores (e de modos distintos entre eles) como o próprio Herzen, além de Turguêniev, Tchernitchévski, Bakunin, Dostoiévksi e Tchékhov. Tolstói, mais radical, decidiu que se afastaria do mundo e viveria "como" seus mujiques. Mas quem pensa que o motor da vida política e existencial de Tolstói foi a mera idealização dos mujiques, se engana. Tolstói foi, talvez, o maior dos filósofos entre os autores russos do século XIX.

Herzen percebeu que uma pessoa triste, cética e irônica seria, talvez, mais capacitada para analisar a natureza humana — pelo menos naquele século XIX. Sua desesperança era um motor afetivo; seu ceticismo, uma prontidão para identificar os fracassos da razão otimista; sua ironia, a forma de sobreviver em meio à mentira desse otimismo. A afirmação de Herzen resume a disposição do autor que aqui vos escreve, por isso, as palavras de Herzen são o subtítulo deste livro. E elas nos guiarão no restante deste percurso, quando tentarmos compreender a era do niilismo que nos cerca no mundo contemporâneo.

6. Liev Tolstói: teoria da história como crítica da teodiceia racional

> [...] *a nova história é semelhante a um homem surdo que responde a perguntas que ninguém lhe faz [...] a primeira pergunta [...] é a seguinte: que força move os povos? [...]. A história parece supor que essa força explica a si mesma e é conhecida de todos. Mas, apesar de todo o desejo de admitir que essa nova força é conhecida, quem ler muitas obras de história não poderá deixar de duvidar de que essa nova força, entendida de formas diversas pelos próprios historiadores, seja perfeitamente conhecida de todos.*
>
> Liev Tolstói,
> *Guerra e paz*

Sabemos que muitas obras nascem das fraturas do ser. Sejam elas existenciais, sociais, políticas, sejam naturais. A vida é fraturada de modo irreversível, o desafio é o que fazer com essas fraturas. Hoje em dia, oferece-se formas mágicas que mesclam espiritualidade como estilo de vida, alimentação orgânica e, por fim, a má educação como modo da emancipação.

O pensamento do Conde Liev Tolstói carrega em si a marca da honestidade intelectual diante dessa fratura ontológica em várias frentes, inclusive a existencial que, para muitos, acabou por custar a própria vida — lembremos, entretanto, que Tolstói morreu "imortal", aos 82 anos. Dito numa linguagem simples, mas de várias formas: o conflito entre coração e mente, entre instinto e inteligência, entre desejo e contenção dos apetites sexuais, entre luxúria e família, entre afortunados e desafortunados, entre a arte pela arte e o imperativo moral e social; enfim, nas palavras de Isaiah Berlin, "o conflito entre uma busca de visão monista de mundo e uma constatação pluralista de mundo" acabou por selar a vida de Tolstói. "Monista" aqui significa uma visão em que o mundo, ao final, resolve-se em alguma forma de harmonia simples e ética, enquanto "pluralista" aqui significa uma visão em que o mundo nunca encontrará uma harmonia moral tranquilizadora final, porque os valores morais são conflitivos entre si, essencialmente. Não repouso em nenhuma grade de valores absolutos no final do dia.

O foco de nossa reflexão aqui serão as teorias do desejo e da história em Tolstói. Essas teorias são apresentadas ao longo do romance *Guerra e paz* e sistematizadas no epílogo da segunda parte da obra. Aquelas, ao longo de várias obras, principalmente as que transitam pelo tema da (in)felicidade conjugal e do adultério. Os autores russos são como os personagens trágicos, segundo a metáfora usada por Otto Maria Carpeaux em *História da literatura ocidental: continentes em agonia*.

Retomando: Isaiah Berlin em *Pensadores russos* afirma que Turguêniev, Herzen e Tolstói foram profundamente impactados por uma percepção trágica da vida. Aileen Kelly, em *The Discovery of Chance: The Life and Thought of Alexander Herzen*; *Toward Another Shore: Russian Thinkers Between Necessity and Chance*; e *Views from the Other Shore: Essays on Herzen, Chekhov & Bakhtin*, afirma algo parecido com relação ao impacto do evolucionismo e da filosofia de Schopenhauer nos três autores. Para Berlin, Herzen "resolve" melhor o drama da recepção do acaso trágico em sua vida e na visão de mundo do que os dois outros colegas, e não desiste de reformar a Rússia via o socialismo. Turguêniev deprime, recolhendo-se para um certo estoicismo schopenhauriano, impactado pelo jovem niilista que ele mesmo "criou", revelando-se um atormentado pelo risco de acabar sendo um "homem supérfluo", conceito que ele também criou em sua obra. Turguêniev "deu nome aos bois" no drama filosófico russo do século XIX.

Tolstói sucumbiu existencialmente à desintegração entre o que via no mundo e em si mesmo e o que esperava ver, segundo Berlin. Nosso conde foi o mais desesperado do três. Mas, assumindo que essa desintegração existencial de fato ocorreu (a biógrafa Rosamund Bartlett se aproxima dessa ideia também nos seus escritos sobre Tolstói), poucas pessoas em agonia produziram uma obra desse valor, e muito menos uma teoria da história tão contundente epistemologicamente e moralmente.

Vale notar que para Tolstói, Schopenhauer chegou a ocupar o lugar de filósofo mais importante da sua época. Por quê? Qual o vínculo entre sua teoria da história e sua teoria do desejo (esta devedora de Schopenhauer)? Esse vínculo se encontra no fato apontado por Berlin: a teoria cética da história de Tolstói (para alguns uma teoria negacionista ou niilista) está a serviço da sua busca fracassada por uma teodiceia racional do mundo. Tolstói não era um cético vaidoso por destruir a esperança no mundo, apesar de que, por temperamento passional e pelo vício que o ceticismo causa ao se transformar numa segunda natureza em quem o pratica — um cético deve resistir e não perder a misericórdia por quem crê em alguma coisa, do contrário, transforma-se, facilmente, num Bazárov —, ele seguia em frente dissolvendo as crenças num sentido hegeliano da história e nas instituições da sociedade à sua volta. Toda pessoa que busca responder de forma visceral como é possível que Deus seja bom, e o mundo mau, sofrerá ao longo da própria prática do ceticismo (Dostoiévski também foi um atormentado por essa questão). Esse era seu caso. Afinal, o que vem a ser uma teodiceia racional?

G. W. Leibniz foi um filósofo alemão, que viveu entre os séculos XVII e XVIII, atormentado pela possibilidade que a heresia gnóstica cristã dos primeiros séculos de nossa era tivesse razão em sua cosmologia. Para muitos gnósticos, o mundo tinha sido criado por um deus mau, o demiurgo platônico numa versão piorada. A cosmologia gnóstica é a versão mais asfixiante que o pensamento mítico já produziu no Ocidente. Derrotada em seu tempo, ela permanece como um pesadelo reprimido porque, no fundo, é uma forma de racionalismo negativo. Olhando para o mundo como ele é, injusto, cruel, contingente, em que os seres vivos devoram uns aos outros para permanecerem vivos por um curto espaço de tempo, só podemos deduzir, logicamente, que sua causa primeira seja cruel. E se isso for verdadeiro, não há qualquer esperança na vida, na natureza ou na história. A importância de postular uma causa primeira para o mundo mostra aqui seu peso na forma negativa. A natureza da causa primeira define o *telos* (finalidade) do mundo. Uma causa primeira boa e racional define um *telos* da mesma natureza; uma má e irracional nos condena. Schelling, Hegel e a Bíblia estão no primeiro grupo. Schopenhauer no segundo, como veremos mais à frente na segunda parte de nosso percurso, quando discutirmos uma antropologia niilista. O evolucionismo, ao negar essa causa primeira racional e boa, afirmando a cegueira cósmica, parece se aproximar do segundo grupo, pelo menos do ponto de vista das expectativas cosmológicas humanas.

Leibniz tenta enfrentar esse desafio justificando o mundo na sua existência, e ao mesmo tempo, negando que Deus seja cruel. Para isso, cria seu conceito de melhor dos mundos possível. Sua intenção é dita racional na medida em que ele pretende não lançar mão da fé nas sagradas escrituras para sustentar sua tese, por isso afirma que o mundo imperfeito existente é o melhor mundo possível (e aberto ao nosso livre-arbítrio), já que nada pode, ontologicamente, ser perfeito como Deus é. Essa teoria ficou conhecida como teodiceia racional.

Voltaire, no século XVIII, escreveu seu *Cândido, ou o Otimismo* como uma sátira dessa ideia, descrevendo um mundo mau, percorrido pelo ingênuo Cândido.

Mas, na filosofia, quem mais destruiu essa compreensão de um mundo bom e racional, contra Schelling e Hegel, dois descendentes da empreitada de Leibniz, foi Arthur Schopenhauer, ao afirmar que a substância última da realidade, que move o mundo e a história por meio de seus agentes enlouquecidos, é uma vontade louca, cega, irracional e insaciável. Essa antiteodiceia impactará, como já dissemos acima, muitos escritores, como Herzen, Turguêniev, Tolstói e mesmo Tchékhov, em alguma medida. O cerne desse impacto está na negação de um sentido racional da realidade e da natureza. Sua verdadeira estrutura ontológica, a vontade cega, inviabilizaria a construção de qualquer expectativa de uma parceria com o Ser. A ética pessimista de Schopenhauer deságua numa forma um tanto estoica de vida, baseada na sabedoria pregressa de quem já viveu e aprendeu com as ilusões, frustrações e tédio de um mundo, como Macbeth diz, "cheio de som e fúria, mas significando nada".

Tolstói, em obras como *Anna Kariênina, Felicidade conjugal, A morte de Ivan Ilitch, O diabo e outras histórias, A sonata a Kreutzer,* entre outras, descreve um homem dominado pelo desejo insaciável de ganho material e gozo sexual. A vontade de Schopenhauer permeia toda sua reflexão acerca do desejo humano, levando seus personagens sempre à destruição. Se a história é escrava de um Ser louco, não há esperança. A dor, o tédio e a frustração são condições existenciais dadas como destino.

Mas não basta essa vontade louca. Tolstói fará também uma crítica epistemológica dura à crença numa historiografia racional no epílogo da segunda parte do seu monumental *Guerra e paz*. Nesse fechamento da saga, o autor russo destrói a possibilidade de que saibamos algum dia o que realmente move a história e seus supostos agentes. O foco da sua crítica é que possamos estabelecer racionalmente o mecanismo causal em ação na história. Para Tolstói, os historiadores antigos tomavam como mecanismo causal a vontade dos deuses, portanto cosmogonias delirantes. Já os modernos, da "nova ciência histórica", substituem a causação divina por um conceito abstrato chamado "força" ou "poder", mas nem por isso mais consistente, visto que dizer que pessoas famosas, como Napoleão; Pedro, o Grande ou Ivan, o Terrível, com o poder de decisão em comum, tenham de fato influenciado a cadeia infinita de causas que fazem as coisas acontecerem na história não é menos inconsistente em termos de comprovação empírica. Aqui, Tolstói é plenamente cético. O argumento do autor é epistemológico na medida em que ele põe em dúvida a comprovação empírica da consistência do ato do líder como causa eficiente dos acontecimentos na história.

Suas metáforas militares servem para pôr em xeque a ideia de que aqueles que realmente lutam, os soldados rasos, sigam as ordens (desinformadas e distantes da realidade das batalhas) dos seus oficiais. A intenção de Tolstói é afogar as narrativas históricas na inviabilidade humana de compreender a multiplicidade infinita das interações entre os objetos da natureza e da ação humana — materializada em seus líderes, no desespero cotidiano dos soldados, nas suas instituições e na sua burocracia, supostamente racional. Aqui, vemos a semente de um possível anarquismo ou niilismo em Tolstói, já apontado pela fortuna crítica.

Se a ação humana é movida por um desejo insaciável e se somos cegos diante do mecanismo causal dessas ações, quando pensamos no painel vivo da humanidade na história, como supor que uma teodiceia, ou seja, um sentido racional, pode ser existente na vida das pessoas e dos povos? A resposta é, evidentemente, negativa. O "pluralismo da valores incomensuráveis" referido por Berlin, presente na crítica de Tolstói à história (as interações entre agentes e objetos são infinitas e contraditórias na textura do tempo), destrói a consistência da cadeia causal de qualquer teodiceia racional. A surdez a que Tolstói faz menção na citação explicitada é, exatamente, a incapacidade de responder a perguntas que na verdade não ouvimos. Tolstói aceitará a surdez da história, mas sofrerá muito com a cegueira da natureza. Escolhe, como fruto do seu desespero existencial e espiritual, investir em alguma forma de orientação ancestral (por isso mesmo, "natural") para a vida. O povo (*narod*) seria uma salvação?

Tolstói, rasgado pelos conflitos dicotômicos descritos, de certa forma sucumbe à sua busca fracassada. Da depressão quase suicida, acaba por pregar um cristianismo estoico em que apenas abrindo mão da vida e vivendo de forma pobre e simples como os mujiques poderíamos, talvez, escapar ao autoritarismo do desejo e ao delírio de acreditarmos num entendimento "científico" do mundo. A própria pobreza dos mujiques talvez tivesse os protegido da miséria da ilusão intelectual e da busca infinita pela realização de seus desejos, e por isso mesmo, sua sabedoria ancestral seria um "guia de vida". Numa espécie de virada rousseauniana, Tolstói vai à vida "natural" nos mujiques buscar um alívio para suas descobertas filosóficas insuportáveis a ele mesmo. Mas aqui também fracassará, como todos os jovens da elite russa do século XIX que foram, a partir do movimento chamado "populismo", viver com os mujiques, como modo de salvação de si mesmos e da Rússia. Os russos desesperarão da utopia mujique, e, com isso, conhecerão a "verdadeira Rússia" e nos ensinaram que não há esperança na "pureza do povo". Vamos aos mujiques, então.

7. Anton Tchékhov: os mujiques e o envelhecimento

> *A esposa Olga e a filha Sacha, que o acompanhavam, encararam com espanto a estufa enorme e desmantelada, que ocupava metade da isbá, escurecida pela fuligem e pelas moscas. Quantas moscas! A estufa estava meio tombada, as vigas de madeira das paredes estavam tortas e tinha-se a impressão de que a isbá, a qualquer minuto, ia se desmantelar. No canto ao lado dos ícones, haviam colado rótulos de garrafa de recortes de folhas de jornal em lugar de quadros. Pobreza, pobreza! Nenhum dos adultos estava em casa, todos tinham ido ceifar. Sobre a estufa, estava sentada uma menina de uns oito anos, loira, suja, apática; nem sequer olhou para as pessoas que haviam chegado.*
>
> Anton Tchékhov,
> "Os mujiques"

O apelo à natureza e o estado de natureza como a condição social e política ideal são uma constante filosófica. Rousseau é o caso mais famoso em oposição a Hobbes, para quem o estado de natureza é a Pré-História violenta. Os estoicos também idealizaram a natureza, o *logos*, a seu modo. Os distintos graus dessa utopia variam, mas a ideia central é sempre que a ancestralidade carrega em si uma sabedoria que resiste às modas de ocasião. A pobreza, desprovida de seus elementos miseráveis, pode ser vista como um parâmetro para a contenção dos delírios da vontade schopenhauriana que, no capitalismo, encontrou seu *locus* de sucesso, nunca antes visto. A pobreza colocaria limites naturais à ganância? Ou essa questão é típica de uma utopia populista de tradição rousseauniana?

A oposição "populismo russo × modernização capitalista" é uma das chaves essenciais para analisarmos o movimento político russo no século XIX. A constante "naturalista" na filosofia serviu como recusa da modernização capitalista na Rússia, e, inclusive, alimentou a oposição de Herzen ao "socialismo científico" de Marx, na medida em que Herzen defendia o populismo como chave russa para o socialismo. Os mujiques já viveriam, segundo Herzen e os populistas em geral (Dostoiévski e Tolstói também pensavam assim), num socialismo "dado" como fato histórico, e, por isso, não precisariam passar por toda a dialética hegeliana e marxista para chegar ao socialismo num futuro pós--domínio do estado burguês, como nos países ocidentais.

Todo idealismo ignora a realidade em maior ou menor grau. É uma forma de cegueira. A criação de um mito do futuro (a utopia em si), no caso específico da natureza não corrompida do homem que viveria próximo à natureza, levando uma vida quase pré-histórica e pura (idealização, por sua vez, do passado), como os mujiques, sustenta-se numa idealização do presente não contaminado pela corrupção moderna.

O caso do estudante ucraniano da Universidade de Kiev, Yosif-Anton Rozental, é paradigmático do que se abateu sobre a geração de 1870: o ato de os jovens se lançarem ao mundo profundo do império russo em busca de aprender a viver como os mujiques, ao mesmo tempo que pretendiam ensiná-los a ler, escrever e lutar por seu direitos, revelou-se um fracasso retumbante. Rozental descrevia sua intenção como levar aos camponeses "igualdade e liberdade", bem à francesa. Os camponeses se assustaram com o jovem e suas ideias. Hoje em dia, provavelmente, diriam terem se sentido invadidos por aquele "eurocêntrico" pregando ideias que aos camponeses pareciam coisas do demônio. Logo, denunciaram-no às autoridades, ele foi preso, condenado à morte e, posteriormente, teve a sua pena, por "misericórdia", transformada em exílio perpétuo na Sibéria. O movimento populista dos anos 1870 foi, evidentemente, um fracasso. Essa ambivalência dos camponeses em relação aos ideais dos jovens de então permaneceu até a Revolução Bolchevique, quando Lênin e Trótski, simplesmente chegaram à conclusão de que os camponeses, como "individualidades", importavam pouco para a revolução. Os 10% letrados deveriam mudar a Rússia à revelia dos 90% de analfabetos, e de suas vidas e seus costumes ancestrais. Assim, mataram milhões deles.

Uma pequena parte desses camponeses que vieram a se transformar no proletariado urbano na década de 1890 teve um destino diferente: abraçou a causa bolchevique e ajudou a massacrar seus parentes pré-históricos.

Entretanto, é importante salientar que muitos desses jovens populistas não eram completos alienados. Vários deles se lançaram a estudar tudo que existia como dado etnográfico acerca dos mujiques. O fracasso do projeto não significou sua irrelevância. Muitos se "converteram" à vida mujique, apesar de muitos outros terem se matado, tomados pelo desespero, ou foram presos e assassinados. Uma herança desse desespero foi a opção pela violência terrorista. O terrorismo que acabou por assassinar o tsar Alexandre II foi filho do impasse populista.

O embate entre uma visão mais utópica e mais realista acerca dos mujiques vai marcar profundamente a inteligência russa do século XIX. E a obra de Tchékhov ocupa um lugar especial nesse embate, que nos ensina, até hoje, o quanto a idealização de grupos sociais pode prejudicar até os que se movem por "boas intenções".

Tchékhov, filho de servos (nasceu em 1860, e os servos foram emancipados em 1861), que ainda era chicoteado quando criança, certa feita definiu sua simpatia pelos ocidentalizantes (progressistas) com a frase: "Não ser chicoteado é, evidentemente, melhor". Seu conto "Os mujiques", quando lançado, em 1897, chegou como uma bomba no debate público russo. Como justamente ele, médico de província, egresso da vida dos camponeses, poderia ter descrito passagens como a que abre este capítulo? A criança apática sobre o fogão revela a anomia do desejo. A descrição, além de sociológica, presente na miséria do cenário, também é cognitiva e volitiva. A menina loira e suja, que nem percebe a existência deles — além do mais, trata-se de gente que ela não necessariamente conheceria e poderia estar surpresa —, é uma morta-viva. Essa personagem, uma jovem, é a encarnação do modo de vida ancestral do mujique, que aponta para o futuro. Além do mais, toda a série de misérias no plano dos relacionamentos afetivos familiares entre eles, relatadas ao longo do conto, demonstra que a premissa "a pobreza desprovida de seus elementos miseráveis revelaria a sabedoria intrínseca do modo de vida natural" é uma falácia idealista. Não há sabedoria alguma a ser encontrada, apenas os elementos miseráveis da pobreza fazendo seus sintomas evidentes. A menina apática é a face dos mujiques que reúne um passado atávico a um futuro que se repetirá infinitamente em direção inercial ao vazio de esperanças.

A dura descrição da vida provinciana em Tchékhov, que muito a conhecia, foi objeto de acusação de indiferença por parte da inteligência pública. Tchékhov era acusado de se recusar em tomar partido entre os progressistas pró-revolução e os defensores da autocracia. Sua obra era vista como indiferente e com teor quase jornalístico. Suas peças de teatro citadas aqui dão conta do processo de esmagamento da vida antiga da Rússia, assim como do sentimento de decadência das gerações mais velhas, também capturado por Turguêniev em *Pais e filhos*. O avanço da modernização cria algumas oportunidades para alguns mujiques, que viraram burgueses de algum sucesso. Já a maioria empobrece em dívidas. A pobreza neolítica guarda alguma "harmonia" limitando a distância entre desejo e necessidade. A modernização rompe essa "igualdade", em favor de um deslocamento do desejo em direção à dinâmica schopenhauriana da vontade. Mas, no limite, a miséria se mantém, apenas mediada por dívidas e salários miseráveis.

Alguns mujiques viraram personagens como o novo burguês, o antigo servo Lopakhine, que acaba por comprar "o jardim das cerejeiras" (a peça carrega esse título) para transformá-lo em um condomínio para veranistas. Entretanto, para além desse aspecto típico da literatura do século XIX, denunciando a destruição da Europa pela racionalidade pragmática burguesa, o diagnóstico do envelhecimento como apodrecimento será importante para o niilismo como horizonte de um amadurecimento sem valor social ou ontológico. A falta de valor para o passar do tempo (ou o avançar da idade) produz, necessariamente, um vazio que transita pelo corpo e pela alma. Poderíamos dizer, como os franceses, uma *durée* (duração de tempo) cheia de nada.

Vimos isso já em *Pais e filhos*, de Turguêniev. A peça *O tio Vânia*, de Tchékhov, é um marco na consciência de uma vida perdida. O movimento do tempo social, sua aceleração, fruto de novas técnicas e do novo gerenciamento das coisas e da vida, impacta a percepção da ausência de valor psicológico. São dimensões que se entrelaçam criando o sujeito moderno, que já nasce doente. Se Turguêniev, com Bazárov, descreveu o nascimento do jovem como um doente, Tchékhov percebe que os adultos envelhecem como doentes sociais. O que vem a ser exatamente isso? Para responder, precisamos falar um pouco da peça em si.

Tio Vânia (Ivan) e sua sobrinha Sofia — Sônia, seu apelido, diminutivo de Sofia —, filha do primeiro casamento do dono da propriedade (Serebriákov), passam a vida administrando a fazenda para sustentar o velho professor Serebriákov na capital, São Petersburgo. Este tem uma mulher linda, Helena Andreíévna, de 27 anos, e sempre foi tomado, pela família que vive na propriedade rural falida, por um grande e famoso especialista em arte. Quando o casal vai passar um tempo na propriedade, a rotina se desfaz, tio Vânia descortina a farsa intelectual do professor falido, confessa seu amor louco por Helena, tenta risivelmente matar o professor, e acaba por levá-los a voltar para a cidade.

Alguns núcleos dramáticos se colocam no enredo. E todos eles se referem ao envelhecimento como adoecimento social sem qualquer valor para o mundo concreto à volta. Todos se referem a uma vida perdida em meio ao espaço rural decadente, juntamente com seus costumes ancestrais. Helena se encantou com o professor, homem mais velho, supostamente brilhante, que à época lhe parecia irresistível, como acontece com frequência na relação entre professor e aluna (continua acontecendo, apesar de vivermos numa época em que desejar uma mulher pode exigir de você uma coragem épica). Depois que ele se revelou pouco brilhante, irrelevante e falido na vida da inteligência russa pública, a bela Helena já não sabia como se livrar dele, apesar de lhe ser fiel unicamente por medo e circunstância. Helena parece atraída pelo médico Astróv, única pessoa com vida por ali, segundo Sônia, apaixonada por ele. Helena resiste à tentação e fica com o inválido marido, ressentido, idiota e incapaz de qualquer vida ativa.

Outro núcleo gira ao redor de Sônia, a jovem feia e desinteressante. O sofrimento da mulher feia, sobre o qual muito se mente hoje em dia, é posto à luz na peça. Sônia, por ser feia e viver no "fim do mundo", jamais encontrará um homem que se interesse por ela. O médico por quem ela é apaixonada, evidentemente, ama a bela Helena, casada e infeliz.

O professor Serebriákov é a encarnação da falsa inteligência moderna, cheia de vaidade pública, que hoje seria um escravo das redes sociais. Quando a atividade do pensamento está a serviço da vaidade e do reconhecimento do "público", provavelmente a miséria intelectual e moral será seu futuro, como atestará Adorno dos anos 1940, em seu exílio nos Estados Unidos.

Mas tio Vânia, aos 49 anos de idade, vê que seu tempo passou. Perdeu a chance de ser um homem culto, relevante, não foi capaz de arrebatar Helena pelo desejo, enfim, passou sua hora. Resta-lhe a bênção da rotina com Sônia, sua sobrinha feia e trabalhadora, a jovem idosa precocemente.

O diálogo final entre os dois, quando o silêncio voltou à casa, aponta para o resto de sentido que o envelhecimento pode encontrar: um espaço de repouso numa rotina que pelo menos lhe seja familiar e, em alguma medida, produtiva, pois administravam a fazenda juntos. A esperança de que a vida espiritual futura, após a morte, possa encontrar na misericórdia das estrelas e de Deus um sentido último ilumina a expectativa de que, ao final, exista uma parceria doce entre os que sofrem invisivelmente num mundo de tédio e irrelevância e a ordem final dos cosmos. Entre Turguêniev e Tchékhov vemos que jovens e adultos são sintomas vivos do niilismo moderno.

O que dizer sobre a dita "indiferença" de Tchékhov como método? Muitos especialistas apontam essa indiferença para com o debate polarizado de então na Europa e, na Rússia em especial, como um método: a opção pelo real e não pelo ideal. Tchékhov foi um homem comprometido com o mundo à sua volta. Inúmeros dados biográficos deixam isso claro, a começar pela sua condição de dedicado médico de província. Apesar de ter vivido apenas 44 anos, Tchékhov trabalhou em várias frentes, até no censo e oferecendo cuidados médicos a presos, na Sibéria. Sua suposta indiferença não é indiferença para com o sofrimento das pessoas reais à sua volta nem para com seus personagens. Sua suposta indiferença é o olhar médico e empírico transportado para a análise social e psicológica: o distanciamento que busca entendimento. E, além disso, a suspeita de que nenhuma grande causa inteligente ordene as coisas. Indiferente é a natureza.

O autor demonstra clara empatia para com as vidas perdidas e pela busca de ressignificá-las ou recomeçá-las, e pelos sonhos e ideais de cada um dos seus personagens. A percepção das fraquezas humanas, dos limites concretos da realidade e dos impasses estabelecidos por esses mesmos limites não significa indiferença ao sofrimento humano. Apenas num ambiente saturado por demandas polarizadas, posições mais sutis e sofisticadas podem parecer indiferentes. Tchékhov nunca foi um niilista, nem político, nem existencial. É fundamental ter isso em mente como traço de enfrentamento da nossa era do niilismo. Ser niilista, como bem diz Anna Serguêievna em *Pais e filhos*, acerca de Bazárov, é sempre uma forma de luxo, e Tchékhov nunca conheceu nenhuma forma de luxo em sua vida.

A existência de um niilismo "estrutural" na modernidade exige de nós estratégias de sobrevivência específicas. Tchékhov, na sua indiferença como método, indicou um caminho: a ausência de causa inteligente não implica a desistência da vida, apenas compaixão e atenção à sua precariedade. Assim como Herzen viu na ausência de causa inteligente do evolucionismo a chance de fundamentar a liberdade na contingência, Tchékhov encontrou na sutil compaixão pela dor, e na atenção para com os detalhes dessa dor, uma forma de honrar a luta contra um destino cego. Antes de adentrarmos no tema da irrelevância como agonia no capítulo dedicado ao conto "O capote" de Nicolai Gógol, vejamos, rapidamente, o olhar de Turguêniev, em *Memórias de um caçador*, sobre os camponeses e sua vida para além da pura e simples miséria.

8. Ivan Turguêniev: as memórias de um caçador aristocrata em meio à vida ancestral no campo

> *Então ela o chamava, e estava toda radiante e branca em cima do galho... Gavrila, o carpinteiro, estava petrificado, meus irmãos, e ela gargalhando o tempo todo e o chamando para si, com a mão. Gavrila já ia se levantando e dando ouvidos a russalka, meus irmãos, quando o Senhor o iluminou: ele começou a fazer o sinal da cruz, diz ele que era como se seu braço fosse de pedra... Enquanto fazia o sinal da cruz, meus irmãos, a russalkinha parou de rir, e de repente se pôs a chorar... Chorava, meus irmãos, enxugava os olhos nos cabelos... Daí Gavrila olhou, olhou pra ela e se pôs a perguntar: "Por que está chorando musa da floresta?". E a russalka lhe disse: "Homem, se você não tivesse feito o sinal da cruz, teria vivido feliz comigo até o fim dos seus dias; choro e me consumo porque você fez o sinal da cruz; mas não vou me consumir sozinha; você também vai se consumir até o fim dos seus dias"... Daí meus irmãos, ela desapareceu, e Gavrila imediatamente percebeu como conseguiria sair da floresta... Só que, desde então, está sempre infeliz.*
> Ivan Turguêniev,
> *Memórias de um caçador*

Já falamos de hábitos estabelecidos ancestralmente que teriam sido devastados pela modernização capitalista, abrindo espaço para a experiência histórica do niilismo, detectado pelo pensamento russo do século XIX. Esses hábitos, que davam sustentação ao cotidiano e aos sistemas de significado estabelecidos, conduziam a vida dentro de uma sensação de ordem, mesmo que essa ordem não fosse o melhor dos mundos possível. Ao contrário do que pensa nossa vã filosofia "moderna", significados não são entidades construídas de modo consciente, nem tampouco realidades abstratas tecidas em nossos gabinetes teóricos, como dizia o filósofo Edmund Burke no final do século XVIII. Pelo contrário, moldam-se ao longo de uma cadeia infinita de tempo, segundo a variabilidade infinita de relações descritas por Tolstói na sua teoria da história em *Guerra e paz*, e mediante práticas cotidianas "cegas".

Vimos no capítulo anterior sobre Tchékhov o "movimento em direção ao povo", o populismo russo, que idealizou o mujique como figura salvadora da Rússia por causa de seus hábitos pré-modernos, e, por isso mesmo, sem o alto teor de corrupção trazido pela modernização capitalista, destrutiva dos costumes e das certezas. Como dissemos, tratava-se de uma profunda idealização descolada da realidade empírica do povo. O desespero desses jovens desaguou tanto no terrorismo decorrente quanto no desprezo radical pelo camponês como homens e mulheres perdidos na ignorância atávica. É aqui que as *Memórias de um caçador*, de Turguêniev, aparece como um antídoto a ambas as posições opostas descritas anteriormente.

A partir de 1847, Turguêniev começa a publicar uma série com 25 contos que compõem essa coletânea de memórias. Ao longo delas, o personagem, um aristocrata que caça ao lado de servos caçadores ou sozinho, e, assim, penetra no tecido profundo desse modo de vida ancestral, entra em contato com uma realidade para além das idealizações positivas ou negativas. Turguêniev apresenta, além da mais bela descrição da natureza do território russo, na sua vida exuberante, uma percepção acurada das crenças e das práticas de camponeses de todas as idades e ambos os sexos. Salta aos olhos a profundidade, às vezes assustadora e, seguramente, arrebatadora, da vida desses homens e mulheres. Num dos contos, um médico de província é levado ao leito de morte de uma jovem, e ali permanece até a sua morte, poucos dias depois. Uma paixão avassaladora acontece entre os dois, de modo quase sobrenatural. O médico, anos depois, relata ao nosso *alter ego* de Turguêniev essa experiência que teria mudado sua vida, lançando sobre ela uma tristeza profunda. A ideia de que camponeses seriam "animais" conduzidos a essa condição, seja pela miséria e ignorância atávica, seja pela opressão da elite proprietária de terras, claudica diante da profundidade de sentimentos que a jovem demonstra, mesmo que diante da morte iminente e da pobreza que a cerca. A intensidade dos sentimentos que atravessam sua alma coloca em dúvida radical qualquer noção relacionada à miséria como elemento desumanizador definitivo. Por sua vez, o médico, representante da ciência ali, encanta-se com a doçura e fragilidade da jovem diante da morte e do seu amor por ele, nascido à "primeira vista".

Além da dureza clara da condição dos servos escravos (é disso que se tratava a servidão russa), da sua situação de "coisa" dentro da sociedade de então, Turguêniev, com clareza que nada deve a qualquer observação antropológica acerca da religiosidade neolítica, descreve em detalhes as crenças espirituais pré-cristãs e cristãs (entrelaçadas) do povo russo, ao lado de elementos céticos de alguns dos seus personagens, mostrando que a qualidade cética para com as crenças não depende necessariamente de uma formação científica ou filosófica específica, mas que pode ser fruto de certas personalidades "fortes" e de vocação para o "concreto" (como ele mesmo aponta), naturalmente postas em algumas pessoas sem nenhuma formação especial. Essas crenças revelam seu teor de sustentação da vida, mesmo na boca de meninos adolescentes que conversam numa noite ao redor da fogueira em meio ao bosque selvagem. As infelicidades da vida são ali "explicadas" pela interação entre entidades sobrenaturais e as pessoas, como é comum em toda a gama de "politeísmos" ancestrais ou mesmo os existentes até hoje. Num desses contos, de onde extraí a citação da abertura do capítulo, a infelicidade de um camponês é explicada pelo fato de que uma russalka, divindade feminina da família das ninfas que cuidam das águas doces (como uma Oxum africana), apaixonou-se por ele e tentou seduzi-lo e atraí-lo para viver com ela na floresta para sempre. Mas, como ele teve medo e pediu ajuda à santa cruz de Cristo, ela recuou e se pôs a chorar, enxugando as lágrimas em seus belos cabelos compridos e radiantes como a lua. Interditada no seu desejo pela entrada da crença cristã na "relação" entre os dois, a ninfa declara que tanto ela quanto ele permaneceriam tristes para todo o sempre, uma vez que não poderiam ficar juntos. E nosso herói se transformou num homem eternamente infeliz desde então, como era observado pelos seus companheiros de vila.

Para além da explicação acerca do afeto do personagem, aparece aqui o conflito entre os dois conjuntos de crenças, o "paganismo" pré-cristão e o cristianismo, que nunca foi plenamente assimilado pelos camponeses na época, nem hoje em dia.

O exemplo é assaz ilustrativo de como hábitos e crenças organizam de forma dispersa e descentralizada a vida que vai sendo, paulatinamente, destruída na sua vitalidade de sustentação da existência pelo avanço da modernidade. Os tais hábitos instalados no cotidiano nunca foram uma ordem "geométrica" da vida. Muito pelo contrário, aproximam-se mais de uma ordem de *finesse*, como dizia o filósofo Blaise Pascal no século XVII, por causa da sinuosidade e delicadeza dos seus detalhes. A modernidade, na sua característica geométrica, nunca entendeu a *finesse* das crenças e os hábitos pré-modernos. Essa rede de vínculos práticos e de significado não constitui o melhor dos mundos possível, mas, simplesmente, um modo de vida em que sua consistência sempre foi uma mera existência ancestral. A repetição inercial dessa rede de vínculos garantia a continuidade da vida nas suas formas ancestrais, não porque foram criadas a partir de um "programa" consciente de propósitos, como pensa o mundo moderno em geral. Nossa hipótese aqui é que a modernidade, no seu processo dissolutivo de instalação, para além da sua autopercepção como projeto consciente de mundo, exala a experiência do niilismo como resultado desse projeto em instalação. O nada de sentido surge como a "substância" que, aos poucos, passa a preencher o vácuo deixado pela erosão desses hábitos mínimos da ordem "cega" da vida. A disrupção moderna se deu num tecido construído ancestralmente, sem que ninguém possa estabelecer a "engenharia" histórica desse processo, como bem entendeu Tolstói. Semelhante disrupção, ou até pior, deve ter acontecido na passagem da vida de nômade caçador coletor, que durou mais de 200 mil anos em nossa espécie, para a revolução da agricultura e sua vida sedentária rural, há aproximadamente 10 mil anos. Talvez em 10 mil anos de modernidade consigamos refazer um tecido semelhante, da mesma forma cega de antes.

    Entretanto, sendo o sentido cego na sua organização e a modernidade tendo dificuldade de lidar com a cegueira das coisas, é pouco provável que ela jamais venha a entender a "validade" da cegueira como tessitura da vida. Além do mais, "a aceleração para o nada", como me disse certa vez o filósofo alemão Peter Sloterdijk, numa entrevista para o jornal *Folha de S.Paulo*, dificilmente deixará algo ser sedimentado como teia de crenças e hábitos que não seja continuamente consumido pela própria aceleração para o nada ao qual ele se refere.

9. Nicolai Gógol: uma coreografia macabra do nada

> *Nada há de mais ofensivo do que toda essa variedade de departamentos, chancelarias, regimentos, em suma, toda sorte de repartições públicas. Hoje em dia qualquer indivíduo acha que tocar no seu nome já significa ofender toda a sociedade.*
>
> Nicolai Gógol,
> O capote e outras histórias

Bem se vê que a doença de se sentir ofendido não é uma novidade da sociedade em rede, como suspeitam muitos. Ela é derivada da condição de irrelevância social erguida à condição de rotina e burocracia. Quanto mais gente assistindo uns aos outros tentando existir, mais transparência social da irrelevância e maior a sensibilidade para um deles ser ofendido por nada. Talvez, viver espalhado pelo campo fosse a única condição de não se comparar irrelevâncias sociais.

Seu nome era Akáki Akákievitch. Um nome ridículo como nosso herói invisível e miserável. Recebeu o nome do pai, por isso o nome era "dobrado": nome e patronímico iguais. Sua história é a de um funcionário público "low rank", do nível baixo da hierarquia do estado russo tsarista. Gógol (1809-1852), em *Diário de um louco*, descreveu um desses funcionários miseráveis que tinha por função passar os dias limpando a pena de um funcionário superior. Akáki é um membro dessa família.

A estética é o campo da filosofia que trata das sensações (*aesthesis*, em grego), e, portanto, das manifestações artísticas em geral. A obra de Gógol é uma coreografia do niilismo na sua dimensão estético-social. O modo como os personagens se movem na sociedade, ou no pequeno canto escuro e miserável em que vivem, é objeto de uma anatomia em movimento de ratos humanizados em busca de marcadores de visibilidade e aceitação. Como uma dança macabra, seja no modo descrito na citação de abertura desta primeira parte (trecho do romance de Gógol *Almas mortas*), dedicada à literatura russa do XIX tratada como hermenêutica privilegiada do processo de modernização, seja na luta de nosso herói Akáki Akákievitch por um capote decente como marcador de ascensão social no meio dos funcionários miseráveis das repartições do serviço público do estado tsarista.

O niilismo tem uma estatura sociológica. Esse traço aparece no modo como o movimento acelerado da sociedade moderna implica um esvaziamento da sensação de valor, segurança e autoestima. É o que o sociólogo do século XX Zygmunt Bauman chamava de "sociedade líquida", nas suas mais variadas manifestações, do amor ao medo, da economia à vigilância pelas redes sociais.

No conto "O capote", Gógol põe lado a lado essa coreografia dos irrelevantes e o mundo do sobrenatural, criando uma verdadeira dança macabra. Gógol, natural do campo ucraniano, escreveu contos famosos sobre as crenças sobrenaturais um tanto folclóricas da sua região natal, com bruxas e fantasmas. A literatura russa tem esse "ramo" do fantástico, como em Dostoiévski e seus cadáveres falantes e personagens atormentados por duplos seus andando pelo mundo e causando problemas no cotidiano.

Akáki Akákievitch tinha um capote miserável. Na Rússia, capotes, botas, gorros, luvas, cachecóis e similares sempre foram marcadores de sucesso por causa do clima muito frio. Nosso herói, sendo paupérrimo, tinha um sobretudo puído, sujo, e, por isso mesmo, era objeto contínuo de bullying na repartição. Indivíduos com um capote miserável jamais seriam levados a sério profissionalmente, nem socialmente, claro. Mulheres jamais os considerariam objeto de investimento afetivo. Nosso herói é um solitário, que mesmo enquanto vivo, caminha pelas ruas de São Petersburgo como um espectro da escuridão.

Um dia, ele resolve gastar tudo que tem num novo capote. Quando começa a circular pela cidade e pela repartição com esse novo casaco maravilhoso, ele passa a existir. É claro que Gógol, assim como Tchékhov, captura muito bem os novos modos de validação social burguesa (que Adorno discutirá com maestria no século XX americano) num mundo em que marcadores de existência social e psicológica passam a ser comprados em lojas urbanas. Se você não tivesse servos, mas conseguisse comprá-los, isso faria de você um senhor de terras, mesmo que se tratasse de servos mortos (tema de *Almas mortas*, do mesmo autor). Um capote poderia valer muito para alguém, que, na verdade, jamais seria alguém.

Desgraçadamente, logo depois desse maior feito na sua vida, Akáki Akákievitch tem seu capote roubado. Uma tragédia. A depressão o leva à morte. E aí, Gógol fará sua sociologia do sobrenatural em que este é objeto dos mesmos desejos do mundo natural dos vivos. O "espiritismo" de Gógol é mais provável do que o do Kardec. Nem os mortos escapam à vontade schopenhauriana insaciável, mesmo que transformada em objetos mundanos banais. O morto passa a vagar pelas ruas de São Petersburgo à caça dos ladrões do seu capote, enlouquecendo os habitantes da cidade. Gógol, aqui, faz uma análise clara da vida após a morte: ninguém descansa, e nem mesmo a morte existe mais como esperança de repouso. Provavelmente, mesmo no além existe o marketing.

A coreografia macabra do autor é uma sociologia do niilismo como estrutura do mundo moderno: a validade da vida depende de pequenos marcadores adquiridos nas lojas. A sensação de que a vida pré-moderna, idealizada pelos românticos — e pelos populistas russos que vimos anteriormente —, era digna, como discutimos quando dialogamos com a obra *Pais e filhos* de Turguêniev, era apenas função da imobilidade social plena: a maioria, simplesmente, nunca melhoraria sua condição de vida a ponto de comprar capotes novos. E onde está o nada aqui?

O nada surge exatamente como derivação dessa sensação de que sem certos objetos você não tem existência psíquica nem social. O processo descrito aqui na primeira metade do século XIX russo se aprofundou até os dias atuais, quando o capote foi substituído pela existência medida pelas métricas de engajamento nas redes sociais. A dança macabra tornou-se marketing digital.

10. Fiódor Dostoiévski: o que é o niilismo russo e por que ele é o espírito de nossa época

O principal aqui é a desintegração da alma do jovem russo.
Fiódor Dostoiévski,
comentário sobre seu romance *O adolescente*, de 1875

A desintegração é o conceito que sintetiza a literatura russa do século XIX no que se refere à experiência histórica do niilismo. O personagem adolescente de Dostoiévski desliza sobre uma superfície sem referências. Esse movimento implica uma desintegração psíquica ampla.

Os vínculos dissolvidos devido à ruptura violenta do tecido social russo, e num curto espaço de tempo, invalidam os hábitos e as práticas cotidianas concretas e imóveis por milênios. É justamente o movimento e a velocidade das mudanças em escala gigantesca que produzem a experiência do vácuo de sustentação, e, por consequência, a sensação de cegueira da natureza, da história e do mundo. É a indiferença que permeia o terror da contingência.

Essa experiência tem várias consequências. Em Turguêniev, ela "inventa" o jovem niilista em conflito com um "velho" sem papel social e histórico, encarnação de um passado inútil. Esse passado inútil, identificado como o "homem supérfluo", também em Turguêniev, vaga pelo mundo sem lugar e sem validação das angústias de um covarde ilustrado por não ter saído da "zona de conforto", como se diz hoje em dia. Em Dostoiévski, essa experiência abre espaço para uma pedagogia supérflua que formará os niilistas. Estes matarão o pai Karamázov como símbolo do passado deslegitimado.

A entrada do evolucionismo como crítica contundente aos filhos de Schelling e Hegel, crentes na parceria com o ser da natureza e da história (portanto, da política e da ética), influencia a formação de parte da inteligência russa, como no caso de Herzen, iluminando a ateleologia da natureza e da história — a contingência cega reina nas coisas. Essa cegueira servirá como matriz ontológica para a teoria da história de Tolstói em que esta é cega como tudo mais: não há sentido na história, Hegel era um infantil, como diria Schopenhauer. Tolstói desbanca não só Hegel como Leibniz e sua teodiceia racional. A saída pelos mujiques, como reservatório do passado supostamente consistente, despedaça-se diante da negação de que o camponês russo era o melhor homem possível num melhor mundo possível, segundo a descrição de Tchékhov. A complexa rede de *finesse* de hábitos ancestrais, descrita por Turguêniev em suas memórias de caça, sendo corroída pela modernidade burguesa, escapa a qualquer hipótese de política programática e ciência geométrica. Por fim, o nada reina livre numa coreografia social de um mundo em que a irrelevância e a busca desenfreada pelo reconhecimento social são descritas num documento ficcional criado pelo mais depressivo dos grandes escritores russos do período, Nicolai Gógol. Num mundo de monstros, fantasmas e miseráveis, a modernidade ensaia sua dança macabra.

A desintegração da qual fala Dostoiévski é a dor de um mundo que se desfaz, no qual o passado se desqualifica, o presente se arrasta e o futuro surge como esse horizonte veloz que sofre em virtude dessa mesma velocidade infinita.

Agora, seguiremos em direção à segunda parte de nosso percurso, uma antropologia do niilismo. Toda vez que usamos o termo "niilismo" e seus derivados, fazemos um movimento dentro dos parâmetros aqui delineados. Parâmetros esses históricos, materiais, morais, sociais e existenciais. Jamais metafísicos ou abstratos, mesmo quando assim o parecer ao(à) leitor(a) apressado(a). O niilismo aqui é entendido como a própria "substância" (in)consistente da experiência moderna, filha do movimento acelerado que ela imprimiu nas estruturas de um mundo ancestral, devastando uma imobilidade sobre a qual a vida repousava em sua cegueira essencial e sua infelicidade estrutural.

Segunda parte
UMA ANTROPOLOGIA NIILISTA

11. Confissões de um niilista

... a obsessão pela salvação torna a vida irrespirável.
Emil Cioran,
Breviário de decomposição

A cada instante, eu percebo com uma acuidade plenamente gelada ou alucinante o não-ser da carne.
[...]
Toda vez que o futuro me parece concebível e admissível, tenho a impressão de ter obtido uma vitória sobre meus humores e minhas ideias. Melhor: de ter sido visitado pela Graça.
Emil Cioran,
Cahiers

Existem alguns filósofos ou alguns textos que nos definem de modo devastador. As três citações do filósofo romeno Emil Cioran são um exemplo dessa experiência. Elas serão os grandes parâmetros das duas partes que se seguem em que, tendo colhido a definição histórica de niilismo, através da "carne russa", passarei a pensar na segunda parte de nossa era do niilismo nos moldes de uma antropologia niilista, e na terceira e última parte, vamos descrever o que chamarei de niilismo no varejo, ou seja, pequenas sobre os dias em que vivemos. Primeiro, vamos dialogar um pouco com essas citações para deixarmos claro os limites de nosso percurso a partir daqui.

O niilismo traz uma forma de liberdade assustadora. O "luxo de não crer em nada" é o estilo dessa liberdade. Como parte da "síndrome niilista", o desprezo pela busca de salvação é evidente na primeira citação da abertura do capítulo. Mais do que isso, para o niilista Cioran, a obsessão pela salvação torna o ar irrespirável. Essa sensação — estamos, portanto, no domínio da estética para a filosofia, já que *aesthesis* é sensação no grego da filosofia antiga — vai além do simples desprezo e se torna uma irritabilidade contínua para quem percebe o niilismo como condição dada, mesmo que inconsciente. O niilista aqui seria alguém que sofre diante dos malabarismos ridículos daqueles que fabricam toda forma banal de salvação. Do espiritismo brega dos kardecistas e sua falsa racionalidade científica, passando pela crença risível num sentido histórico salvacionista de algumas formas de cristianismo político, chegando ao budismo light da elite rica ou mesmo sua versão empobrecida conhecida como formas de espiritualidade quântica ou das energias, para, finalmente, pousar no marketing como otimismo histórico à mão. A ideia de utopia, tão criticada pelo próprio Cioran, tão infantil quando vista pelos olhos do niilista, é o resumo da ópera dessa obsessão. O ar se torna irrespirável porque, desse ponto de vista, a busca pela salvação aprisiona nossa capacidade de pensar nas consequências de um mundo que navega à deriva, uma vez que o movimento incessante moderno destruiu a imobilidade ancestral que dava à espécie a sensação de que valores, hábitos, costumes e crenças estivessem fundamentados em realidades absolutas e eternas, ou mesmo transcendentais. O niilista respira melhor, seja para sorrir, seja para chorar, numa linguagem mais "empática", quando podemos suspender o imperativo da mentira e olhar o coração do vazio que habita o ser que nos acolhe de forma cega e indiferente. Só um niilista como Cioran sente o verdadeiro valor do perdão e da piedade.

Com o tempo, a experiência cotidiana da consciência niilista torna a mentira da salvação insuportável, e caberá a essa mesma consciência o trabalho de atravessamento daquilo que muitos se negam a fazer. E ela inicia sua travessia pela percepção gelada e alucinante, como diz Cioran, do nada que habita o coração da carne. Como se manifesta essa percepção gelada e alucinante?

Ver o não ser, a falta de fundamento, congela a alma. Mas a questão é se essa visão congela a vida. A visão do não fundamento tem desdobramentos que vão do modo de ver o cosmos, a natureza, a sociedade, o comportamento, o alcance da violência na política, à desintegração da formação do sujeito. Fruto da devastação ontológica causada pela interrupção de uma ancestralidade inercial, a modernidade lança a experiência humana no conhecimento do nada como não fundamento do mundo e da vida. Essa experiência tem graus de realidade, e em grande parte do tempo, a maioria das pessoas funciona negando essa experiência pelos mesmos modos que funcionavam no passado, mas que agora perderam muito a validade, ou pelas fórmulas ridículas inventadas pelo presente.

A única forma de não congelar a vida diante dessa visão é, ao invés de negá-la, tendência majoritária, atravessá-la, até o "fim do mundo". Esse atravessamento pode produzir uma consciência aguda da realidade como ser da precariedade e do desamparo, o que pode nos levar ao desespero, ou à percepção de que tudo que existe carrega em si a fragilidade do milagre. Cioran fala que cada vez que ele sente alguma forma de esperança, ele pensa ter alcançado uma vitória sobre seus humores ou temperamento. Melhor, diz ele, sente-se visitado pela graça. A graça só é vista desde o nada, ou do vazio. Um milagre é fruto de uma vontade incondicionada, seja de Deus, seja do universo indiferente. Como pensava Herzen, é uma oportunidade de liberdade radical. Se não há qualquer sentido, sou livre. Se percebo que existo contra todas a possibilidades da minha não existência, existo de graça.

Encaremos nossos próximos passos a partir desse ponto de vista: o niilismo pode produzir uma forma de coragem monstruosa — o "luxo de não crer em nada". Mas, como parte desse risco, pois toda monstruosidade é um risco, devemos atravessar a visão do homem adoecido que Thomas Mann identifica, na obra *Pensadores modernos*, em autores como Schopenhauer, Nietzsche, Wagner e Freud (só discutiremos o primeiro). A ontologia do primeiro deles estabelece uma ruptura na filosofia, abrindo as portas do inferno. Esse inferno é a casa da desintegração da qual falava Dostoiévski.

12. As portas do inferno na alma

"Saia da infância, amigo, e desperte!" Estas palavras de Rousseau introduzem o que tem sido descrito como o primeiro avanço radical da realidade adentro do pensamento filosófico: O mundo como vontade e representação de Schopenhauer (1819).

Aileen M. Kelly,
"Herzen versus Schopenhauer".
In: *Em direção a outra margem.*

O mundo é o campo de batalha de seres atormentados e agônicos que continuam a existir somente pelo fato de um devorar o outro. Portanto, todo animal de rapina nesse campo é o túmulo vivo de milhares de outros, e sua automanutenção é uma cadeia de mortes torturantes. Então neste mundo a capacidade de sentir dor aumenta com o conhecimento, e, portanto, atinge seu mais alto grau no homem, um grau que é mais alto quanto mais inteligente é o homem. Para este mundo a tentativa foi feita para adaptá-lo ao sistema de otimismo, e para a demonstração que ele é o melhor dos mundos possível. O absurdo é gritante.

Arthur Schopenhauer,
O mundo como vontade e representação

A partir do final do século XVIII e início do XIX, a filosofia (e a literatura) produziu um conjunto de ideias que ficou conhecido como movimento romântico. Sei que você, caro(a) leitor(a), tende a associar esse movimento a histórias de amor infelizes. Há alguma razão para você fazer isso, mas o amor romântico enquanto tal não é nosso foco aqui. Falo aqui do movimento romântico no seu espectro mais amplo e profundo, como marco da modernização. Ele foi seu primeiro e fundacional momento negativo. O romantismo é a primeira grande ressaca da modernização burguesa consigo mesma e, até hoje, sua maior crítica. Estamos diante da matriz a partir da qual todo um universo filosófico, psicológico e social se constituirá, denunciando os limites da felicidade e do progresso moderno em várias frentes. *As raízes do romantismo*, obra do filósofo Isaiah Berlin, no século XX, revela o processo que desviará o modelo de homem como ser eminentemente de razão, para um modelo de homem tomado por paixões, melancolia e desencanto em relação ao mundo à sua volta. Participam desse processo os estudos de linguagem, mitologia, história, religião, cultura, criando o que hoje entendemos como ciências humanas e psicologia. Os românticos criaram a própria concepção de inconsciente, que, mais tarde, fará fama pelas mãos de Freud e Jung.

Visto na sua longa duração, modernização e mal-estar romântico são complementares, escoando pelo tempo contemporâneo, criando sintomas, delineando no horizonte, entres esses sintomas, a síndrome niilista. Em breve veremos essa síndrome na sua "forma de varejo", isto é, aspectos da vida contemporânea em que o niilismo se manifesta para quem tem os olhos para vê-lo. Por enquanto, nesta segunda parte, nossa intenção é compreender um pouco em que se constitui o que denomino uma antropologia niilista. Antropologia aqui não é usada como o nome da disciplina que estuda culturas, mas como um modelo filosófico de homem, como diz, por exemplo, o filósofo alemão Ernst Cassirer, na obra *Antropologia filosófica*, no século XX.

O niilismo é o rebento mais sombrio dessa crise romântica. Filho da crítica à racionalidade iluminista feita pelo romantismo, o niilismo é o "fundo do poço" do desencanto com a modernidade, do desejo (auto)destrutivo do mundo, e, ao mesmo tempo, a aposta mais radical numa vida sem qualquer busca de salvação, como dizíamos anteriormente, a partir de Cioran, seja na religião, seja na história, seja no próprio amor. Thomas Mann, em *Pensadores modernos*, afirma que Schopenhauer rompeu com o modelo de homem "saudável" na filosofia, e, com isso, inaugurou uma tradição de pensamento que chamamos na história da filosofia de irracionalismo. Freud o seguirá de perto, assim como Nietzsche. Outro filósofo que faz parte dessa tradição, mas não é objeto da obra de Mann citada, é o dinamarquês Soren Kierkegaard, contemporâneo de Schopenhauer. A concepção de homem que brota do olhar desses pensadores é um homem ontologicamente constituído por forças irracionais com as quais ele deve lutar toda a vida. A "saúde mental" ou espiritual será arrancada, ou não, dessa estrutura profunda irracional e destrutiva na sua natureza mais íntima.

Assim, Arthur Schopenhauer é conhecido como o maior pessimista da filosofia. Nietzsche via nele a manifestação pura do niilismo que assolava a Europa na época, e Tolstói o considerava o maior filósofo da história. Turguêniev concordava com Tolstói a esse respeito. Por quê?

A concepção de mundo dele — sua cosmologia, como dizemos em filosofia —, descrito em *Mundo como vontade e representação*, de 1819, obra já citada, rompe com a ideia de que o mundo, e tudo que o constitui, seja fruto de algum tipo de ordem maior e racional, que devemos buscar ao longo da vida, e a que a filosofia serve como fiel ferramenta nesse processo de busca. Não há *Logos* (estoicismo), não há Primeiro Motor (Aristóteles), não há o Belo e o Bem (Platão), não há Deus (monoteísmo abraâmico), não há Natureza harmônica (Schelling), não há, enfim, a História racional (Hegel). Como dizíamos na primeira parte deste livro, não há nenhuma parceria com o Ser que nos acolha, nos reconheça ou nos conduza a um processo de progresso e evolução.

Para Schopenhauer, quando fazemos uma inspeção interior, isto é, quando olhamos para dentro de nós mesmos, o que salta aos olhos é uma vontade louca, insaciável, contínua e cega — essa ideia é a matriz da pulsão em Freud. Na primeira parte deste livro, quando contrapomos Herzen a Schopenhauer e Turguêniev, apresentamos a crítica daquele às concordâncias entre estes quanto a um pessimismo absoluto. Voltaremos rapidamente a essas críticas fundamentais logo mais. Elas são importantes porque não se originam num retorno ao otimismo ingênuo, que supõe haver uma parceria entre nós e o Ser, descrita já algumas vezes aqui. Logo, segure o fôlego, porque Schopenhauer é para os fortes.

Essa vontade cega, descrita na sua forma natural na citação de um trecho de *Mundo como vontade e representação*, seria o Ser em si, ou a coisa em si (termos kantianos) que caracteriza o universo e nossa vida interior. Schopenhauer parte do que encontra na vida interior e generaliza para a ontologia geral (para o modelo de mundo em que acredita). Evidente que o que brota dessa afirmação é uma ideia muito próxima do idiota que narra a vida segundo Shakespeare em *Macbeth*. O recorte que faz Mann é identificar, para além da descrição da natureza que faz Schopenhauer, uma antropologia em que o homem surge como um ser doente, submetido a essa vontade cega e insaciável.

A filosofia sempre compreendeu o homem como um ser com vocação à harmonia, mesmo que essa fosse o resultado de muito esforço. A "psicologia schopenhauriana" inverte essa relação dizendo que o centro da personalidade, termo que o próprio Schopenhauer usa no livro *Aforismos para a sabedoria de vida*, não é a razão ou o intelecto, mas essa vontade para quem o próprio intelecto se faz servo. Aliás, o próprio intelecto — materializado na consciência subjetiva — é produto dessa vontade, o que introduz um nível de conflito desconhecido para os demais seres submetidos à mesma dinâmica torturante descrita na citação anterior. Esse "novo" elemento, num cosmos devorado pela vontade, traz para a cena o egoísmo humano como mais um fator desagregador num cenário já saturado de conflitos entre as inúmeras vontades que compõem o cosmos schopenhauriano. Se houvesse apenas uma vontade em ação, poderíamos até pensar num cenário harmônico, mesmo que destrutivo em si, mas não é isso que acontece. O que ocorre é um conflito contínuo e interminável de vontade que não se compõe necessariamente.

Nasce daí um universo inquieto. O niilismo do autor aparece de forma clara na medida em que o roteiro da vida e do mundo é fraturado e conflitivo. Um modelo anti-hegeliano por excelência. Não há esperança num mundo como este. A opção de sabedoria possível, isto é, como viver neste mundo, aproxima-se muito da posição de Cioran já descrita: o quietismo, a fuga *mundi*, a busca por um espaço, inclusive interior, em que o sujeito aprenda a escapar dos enganos da vontade e, por desdobramento, do mundo. Schopenhauer repete aqui a "fórmula" estoica de colocar limites às frustrações geradas pelos enganos e por uma vontade insaciável. Mesmo a realização da vontade implica tédio, devido à insaciabilidade que a caracteriza estruturalmente.

Schopenhauer é considerado um dos maiores niilistas por causa da identificação da realidade e da alma como uma vontade louca. Isso destrói a possibilidade de grandes esperanças para além de uma vida comedida, a partir de um controle atento sobre a vontade, que é nossa natureza íntima, portanto, uma sabedoria contra si mesmo, de certa forma. A história que decorre daí é sem fôlego para qualquer grande esperança política ou social coletiva. Essa consequência específica será objeto de discordância entre Turguêniev, que concorda com Schopenhauer, e Herzen, que discorda das conclusões históricas que o amigo deduz do cosmos schopenhauriano.

Herzen contrapõe a contingência ou o acaso a essa vontade imperativa. Reconhecer que a natureza é cega não é a mesma coisa que reconhecê-la como "perseguidora" do homem, do mundo ou da história. Como vimos, Herzen encontra repouso na teoria evolucionista; anti-hegeliana como a teoria schopenhauriana, todavia, sem assimilar à vida a derrota a priori. A cegueira e a indiferença da natureza são acompanhadas de muitos recursos "oferecidos" à vida, entre eles, a cegueira mesma como liberdade essencial. Não há um determinismo da desordem, mas uma liberdade para a criação de ações livres. A falta de sentido é uma espécie de valor positivo para Herzen (esta é a "descoberta do acaso" como liberdade a qual faz menção Aileen Kelly, referenciada aqui). Entretanto, a crítica dele ao pessimismo schopenhauriano é uma crítica assimilada ao próprio niilismo: opor a cegueira da natureza à psicose da vontade louca continua sendo vista como uma solução niilista, aproximada por muitos da resposta de Nietzsche que, de dentro do niilismo, criticará o pessimismo do seu mestre Schopenhauer.

A solução nietzschiana não deixa de guardar alguma semelhança com a idealização de Bazárov sobre si mesmo, no início do romance *Pais e filhos*. Trata-se da filosofia da potência, típica de Nietzsche, ainda que no russo não exista a metafísica da vontade de potência que há em Nietzsche. Para este, a "troca de sinal" da nossa relação com a cosmologia da vontade de Schopenhauer muda tudo. De um niilismo passivo, passamos para um niilismo ativo ou alegre, nas palavras do filósofo Clément Rosset, na obra *Lógica do pior*. Trata-se de nos identificarmos com a potência da vontade e vivermos a vida sem sentido como libertação do Eros, ou seja, a vida estética, como se fala em filosofia, em que o sentido é o seu próprio gosto e são as sensações que aumentam nossa potência de ser. Para Nietzsche, a adesão à moral, à metafísica e à religião são formas de ressentimento para com a fúria da potência indiferente do cosmos. Schopenhauer é, de todos os ressentidos, para nosso filósofo do martelo, o mais brilhante, porque identificou a razão do nosso pavor: o cosmos cego. Mas a existência da vontade não é contra nós. Ela é a nossa melhor forma de viver porque nos faz criadores de valores para nós mesmos. A utopia nietzschiana é evidente. E, nesse sentido, ele parece um adolescente como Bazárov. A posição freudiana a partir da ruptura schopenhauriana com o modelo de "homem saudável" me parece mais madura. Se a pulsão é insaciável como a matriz do mestre do pessimismo alemão, temos, entretanto, a possibilidade de uma saída não tão quietista quanto a do mestre, mas nem por isso menos estoica. Freud — "o velho estoico", como o chamará seu biógrafo Peter Gay — aposta na capacidade humana de lidar com a pressão da pulsão, ainda que vivendo sob a ação do mal-estar, custo afetivo e social da repressão de desejos, de alguma forma, destrutivos. Freud não era um niilista, ainda que possa ser assimilado ao niilismo devido à sua descendência schopenhauriana. Freud é mais sensato do que Nietzsche e Schopenhauer. Toda sensatez serve mal à ansiedade de encontrar uma resposta plena. E não há respostas plenas em Freud, nem na vida real.

De qualquer forma, os três autores descrevem um homem pouco à vontade consigo mesmo e seu destino, sempre mais ou menos infeliz, sendo Nietzsche, entre os três, aquele que, no meu entendimento, reage pior à pressão do nada de sentido último da vida, por isso sua utopia do "super-homem". Para Schopenhauer, o sentido está numa vida quieta, já para nosso filósofo do martelo, numa utopia estetizante da liberdade niilista, para Freud, em aprendermos a viver com o mal-estar estrutural, trabalhando e amando razoavelmente. Esse mal-estar é o inferno na alma, na sociedade, na história e na política.

13. A angústia como essência da vida psicológica em Soren Kierkegaard

*Quando coloco o dedo no solo da existência,
o cheiro que sinto é o cheiro do nada.*
Soren Kierkegaard,
A repetição

Soren Kierkegaard é chamado de niilista cristão por sua filosofia da existência em que Deus tem pouca serventia. Para ele, o homem é um existente cuja essência (seu sentido) é posterior à consciência da existência. Esse vazio se materializa como uma angústia de fundo insuperável. Se não lutamos aqui contra uma vontade cega, o fazemos contra uma angústia infinita. Logo, essa existência consciente é vazia de essência a priori. O dinamarquês funda, com esse passo, a chamada filosofia da existência (mais conhecida como existencialismo), que elenca distintos autores como Sartre, Camus, Heidegger e Jaspers, que não vamos discutir aqui.

Ao eleger a angústia como centro da vida psicológica, Kierkegaard converge para uma posição semelhante à dos pensadores modernos de Thomas Mann. O historiador marxista Lucien Goldmann, em *Le Dieu caché* [*O Deus escondido*], remete a origem do existencialismo ao filósofo Blaise Pascal do século XVII, e sua análise da angústia como sentimento de abandono no universo, devido à cegueira do cosmos newtoniano, associado ao início do despedaçamento da sociedade ancestral por meio da revolução burguesa que ali começava a se instalar.

Se somos angústia em si, como lidar com isso? Para Kierkegaard, o comum é tentar escapar dessa angústia via mecanismos de baixa eficácia que, na verdade, pioram nosso desespero. Desespero, aqui, significa, principalmente, perder a esperança nas tentativas inconsistentes que tentamos erguer contra a angústia sem solução.

Essas tentativas inconsistentes são chamadas de estágios. Esses estágios são modos de tentar escapar da angústia, e se dividem em três que, na verdade, são quatro. É importante apontar que esses estágios não compõem uma hierarquia de qualquer tipo. Alguém pode viver se afundando num deles sem experimentar nenhum dos outros estágios.

O primeiro é a tentativa de tamponar a angústia via experiências sensoriais, por isso ele o chama de estágio estético. Sexo, consumo, esportes com sensações fortes, drogas, enfim, toda forma de sensação. A tentativa fracassa e a angústia volta, acompanhada pela desesperança em relação às experiências estéticas na vida, o que é uma perda. O segundo é o estágio ético. A busca de uma vida correta no âmbito do respeito às normas; adianta muito pouco no combate à angústia. Ser um bom pai e uma boa mãe, bom marido e boa mulher, bom filho e boa filha, trabalhar honestamente, de nada vale tudo isso diante do vazio da angústia. O fracasso desse estágio pode fazer de você uma pessoa profundamente niilista devido à inevitabilidade do retorno da angústia. Em seguida, o estágio religioso doutrinário (o estágio religioso 1): viver segundo as normas e costumes de um grupo religioso institucional também fracassa diante de todas as mazelas que compõem toda vida institucional em grupo. Esse fracasso também instaura uma experiência niilista no âmbito espiritual. Por último, o estágio religioso 2, o quarto estágio em si, é denominado pelo autor como salto da Fé. Esse salto na fé é, do ponto de vista da vida existencial, o salto na angústia, como será interpretado pela maioria dos autores existencialistas ateus que seguirão a trajetória da filosofia da angústia criada por Kierkegaard. Para nosso autor, a fé aqui é a confiança absoluta em Deus e a não exigência de qualquer teologia retributiva, o que significa, basicamente, encarar a vida sem expectativas de sentido salvador absoluto porque Deus nada nos deve.

A herança existencialista foi, muitas vezes, acusada de niilista. O próprio Sartre deu uma famosa conferência, conhecida como *O existencialismo é um humanismo*, publicada em português, em que pretende defender o existencialismo da acusação de anti-humanismo niilista. Heidegger também enfrentou a mesma acusação por parte da filósofa Edith Stein nos seus textos sobre a relação entre filosofia e educação. O núcleo niilista da filosofia da existência estaria no fato de ela colocar no centro da sua antropologia e da sua ontologia a ideia de que o existente, o ser humano, tem uma consciência fincada na finitude, no vazio de sentido e na morte. Nas palavras de Sartre, na obra *O ser e o nada*, somos um ser para o nada ou para a morte.

A angústia descrita por Kierkegaard é, ao lado da vontade de Schopenhauer, uma das formas mais agressivas do niilismo na filosofia do século XIX, e seu frutos se manifestam até hoje.

14. A forma *mercadoria da vida contemporânea* em Theodor Adorno

> Aquilo que a "vida" significava outrora para os filósofos passou a fazer parte da esfera privada e, mais tarde ainda, da esfera do mero consumo, que o processo de produção material arrasta consigo como um apêndice sem autonomia e sem substância própria.
>
> Theodor Adorno,
> Minima moralia: reflexões a partir da vida danificada

Pensemos um pouco acerca do niilismo numa chave sociológica. Há indícios para tal, e vimos alguns deles já na discussão anterior sobre Gógol, sua dança macabra e seus interesseiros. O niilismo nesse plano é irmão gêmeo da forma mercadoria. O que é isso?

Já sabemos que a sensação de nada nos acomete por causa da dissolução de padrões, hábitos, costumes e normas ancestrais que sustentavam nossa ânsia por sentido. Não porque esses referenciais fossem excepcionalmente bons, felizes ou consistentes, mas, antes de tudo, porque eram imóveis por centenas de milênios, ou porque eram de mobilidade muito restrita, muito próxima do primeiro tipo de temporalidade descrita por Braudel, aquela "geográfica", responsável pela história de longa duração que serve de parâmetro epistemológico para nós aqui. A aceleração moderna em direção ao nada, como me disse certa vez o filósofo alemão Peter Sloterdijk, numa entrevista para o jornal *Folha de S.Paulo*, não abriu só uma vivência de vazio de referências, ela foi "criativa" na geração de um novo tipo de nada, aquele em qual todos somos um produto a ser vendido e, portanto, somos mercadoria. Tudo medido pelo valor de troca. Essa forma de niilismo é o filho mais contemporâneo do capitalismo, apesar de que os românticos já percebiam em sua melancolia que algo se passava com a vida das pessoas, à medida que cada uma começava a se ver de forma instrumental.

A forma mercadoria é a forma segundo a qual a vida é produto para troca. Daí nasce seu valor, sua validade social, política e existencial. Há uma angústia existencial característica da redução da vida interior a um produto a ser negociado e "aperfeiçoado" a cada dia.

Theodor Adorno, o marxista mais negativo, carrega a pecha de niilista por causa do seu olhar duro sobre a devastação da subjetividade a partir da aceleração do capitalismo, principalmente na sua forma de consumo. Talvez seria melhor dizer simplesmente a morte da subjetividade. Claro que o conceito é romântico e, portanto, já moderno. O que significa que a subjetividade já nasceu em agonia, de alguma forma — o que Kierkegaard percebeu bem. Mas, à medida que o capitalismo vai sofisticando seus mecanismos de inserção no mundo, ele vai moldando esse mundo, a sociedade e nossa vida interior. É isso que o autor quer dizer com "apêndice sem autonomia e sem substância própria" arrastado pela vida como consumo. Um nada de subjetividade, ainda que muito tenha se produzido como fetiche dessa subjetividade anômica.

Adorno foi bem profético ao perceber esse processo em meados dos anos 1940. Devemos levar em consideração que ele estava nos Estados Unidos. Vindo de uma Europa devastada, mas nascida antes do capitalismo, ele pode ver, com olhos melancólicos, os efeitos profundos da lógica que determina que tudo vale na medida em que tem valor de troca. Claro que o comércio sempre existiu. Mas, no capitalismo, o dono da feira virou o cientista, o filósofo, o sacerdote e o rei. O capital se caracteriza por só permitir existir aquilo em que ele se reproduz, por isso ele é o único valor absoluto, e tudo mais é relativo a ele. Essa relatividade determina o niilismo específico da forma mercadoria. Eu não existo, apenas quando o capital me habita e, assim, me faz existir enquanto produto que, por sua vez, reproduz o próprio capital.

Eu sei que todo esse argumento parece abstrato, mas nada tem de abstrato. É concreto como títulos de veículos de mídia de anos atrás como a revista *Você S/A*. A era do marketing digital, que veremos a seguir, deixa muito claro esse processo de forma muita aguda: nos vendemos o tempo todo. A mercantilização da vida, o sentimento de impotência diante de um sistema que produz riqueza à custa de uma competição infinita, da destruição dos vínculos não instrumentais, da submissão de tudo à totalidade da eficácia, é facilmente vivido como ausência de sentido na vida cotidiana, ainda que nós colaboremos com ele uma vez que queremos serviços, eficiência e resultados para nossa vida profissional e privada. Veremos os desdobramentos dessa estrutura na terceira parte, a seguir. Mesmo que esse arcabouço teórico marxista tenha levado o mundo à utopia destrutiva soviética, esse fato produziu uma experiência dura de ausência de opções ao sistema capitalista que transforma tudo em mercadoria. A falta de substância da vida pode ser percebida no varejo do niilismo. Não é coincidência que Dostoiévski tenha capturado o nascimento desse processo como desintegração do sujeito.

Mas, antes de seguirmos em frente, um reparo fundamental. A negatividade atribuída a Adorno, referida anteriormente, nos guia. Desde Hegel, sabemos que o olhar filosófico deve ser negativo. Devemos olhar ali onde o mundo falha, onde ele fracassa. A negatividade, muitas vezes vista como o nome chique do pessimismo, é um método para ver um mundo cego sobre si mesmo. Do contrário, nos perdemos na positividade alienante da alegria da mercadoria triunfante. Esse olhar negativo é o nosso olhar aqui. Sem ele, não enxergamos o nada que nos ronda, não só do ponto de vista de uma natureza cega, indiferente e sem *telos*, mas também do ponto de vista de um mundo cuja engrenagem é empacotar esse nada para presente.

15. Os fundamentos da era do niilismo

> *A felicidade humana não parece ter feito parte dos planos da Criação.*
> Sigmund Freud,
> *O mal-estar na civilização*

Nossa intenção até aqui foi estabelecer as bases da era do niilismo a partir do material estabelecido pela literatura russa do século XIX e de alguns filósofos identificados com o argumento niilista e que desenham uma antropologia niilista (o "homem adoecido" de Thomas Mann). Antes de passarmos às nossas notas do niilismo no varejo, nossa terceira e última parte deste percurso, vale a pena fazer uma síntese do que estabelecemos até aqui como conceitos que nos ajudarão a identificar a síndrome niilista no mundo contemporâneo.

Na primeira parte, resumimos nosso percurso com a fala de Dostoiévski sobre a desintegração da alma dos jovens no seu romance *O adolescente*. A Rússia nos legou uma hermenêutica da desintegração moderna da vida, sua anatomia patológica da natureza humana, nas palavras do historiador francês do século XIX, Jules Michelet. Essa desintegração é o niilismo. Na segunda parte, percorremos os contornos de uma antropologia niilista. Abrindo com Cioran, vimos, a partir de três citações de sua obra, um percurso que vai desde a crítica da obsessão pela salvação, ou seja, a tentativa de negar, no sentido freudiano, a falta de salvação diante do nada que habita nossa carne e a substância do mundo (objeto da segunda citação), até sua sensação de que ter esperança é fruto de uma vitória contra o próprio temperamento melancólico ou, melhor, uma visita da graça. Aqui, Cioran descreve de modo preciso a esperança como fruto ou de um esforço consciente contra as evidências de que não há esperança alguma ou da presença de alguma forma de leveza que se apresenta, justamente, para aqueles que perderam toda a esperança e, por isso mesmo, enxergam o milagre de existirmos a partir do nada. Só os niilistas verão a Deus.

Ainda na segunda parte, seguindo os passos de Schopenhauer, o grande niilista da filosofia moderna, identificamos a dura experiência de sermos objeto de uma vontade louca e insaciável. O mundo não repousa, desloca-se, com velocidade, numa cadeia infinita de objetos dessas mesmas vontades. Schopenhauer descreve a ontologia do movimento infinito e insaciável da experiência moderna. Funda uma tradição que chega a gigantes como Nietzsche e Freud. Outro marco da filosofia negativa moderna e contemporânea será Kierkegaard e a angústia como substância da alma. Sem repouso, e agoniado, o mundo niilista se arrasta infinitamente para a frente. Por último, Adorno e a forma mercadoria, o modo material em que se organiza a modernidade capitalista, empacotando nossa experiência de vazio para presente. Também seguindo os passos de Adorno, nos lançaremos agora ao olhar negativo sobre o varejo da era do niilismo. Elencamos, até aqui, elementos ontológicos, comportamentais, pedagógicos, psicológicos, históricos e sociológicos para essa empreitada final.

Terceira parte
NOTAS DO NIILISMO NO VAREJO: UMA MORAL MÍNIMA

16. Os contornos do nada no cotidiano

Antes de mais nada, reconheçamos que um trecho do título dessa terceira parte é inspirado no livro de Adorno *Minima moralia: reflexões a partir da vida danificada*, citado anteriormente. As notas do niilismo no varejo que se seguem são notas reflexivas acerca dessa vida danificada. Não precisamente, ou somente, pelo niilismo, mas pela recusa de reconhecê-lo entre nós, que pela mesma "força da alegria", num gesto afetado de horror reprimido, como diria Adorno (hoje, poderíamos dizer, pela força do marketing como narrador da vida), fingimos não habitar nosso meio.

O nada do niilismo não é uma abstração ou um papo de bêbado. Niilismo não trata de um nada abstrato que não existe, mas das formas e das relações em que o vazio do Ser se torna perceptível no mundo das expectativas humanas e das práticas cotidianas. "Nada" aqui não é um conceito estático, é dinâmico, e seu produto é a consciência, mesmo que reprimida, do nada de sentido, do nada de segurança, do nada de certezas, do nada de crença na fundação do valores, do nada de dignidade a priori de coisa nenhuma, do nada de fé política, do nada dos vínculos afetivos, enfim, do nada que nos cerca à medida que me percebo coisa, ou reificado na linguagem adorniana. O cinismo do dinheiro é a risada última do niilismo moderno sobre nós.

Tornou-se fundamental atravessar o marketing como narrador da existência se quisermos dizer alguma coisa que preste.

Na introdução deste percurso, defini a era do niilismo como o surto moderno, ainda que guardando certa funcionalidade, que corre riscos à medida que a velocidade do surto acelera e nossa crença interna ao surto se mantém de forma histérica. Suspeito que a espécie humana, desde as vozes que ouvia na cabeça na Pré-História — segundo o paleontólogo David Lewis--Williams, na série *Mind in the Cave* —, nos fazendo pintar templos nas cavernas, lentamente integrou essas vozes àquilo que conhecemos como o ato de pensar. Nessa longa duração de tempo em que existimos, grosso modo, 250 mil anos, mantemos a sanidade a duras penas. Essa sanidade foi alcançada, pelo menos por um tempo, "graças" aos limites concretos impostos pela realidade, constituindo uma "imobilidade" da realidade contendo nossos surtos de possibilidades e expectativas. Todo o sistema de valores, crenças, hábitos, superstições, fé política, narrativas sobre a morte e o pós-morte, compondo aquilo que Yuval Harari chama de "mundo imaginário do Sapiens", na sua forma lenta, durável e imóvel, caiu por terra com a mobilidade acelerada da modernidade, descortinando a espécie continuamente à beira do surto que somos nós.

Nas páginas que se seguem, escolhemos alguns territórios da vida contemporânea em que a era do niilismo se manifesta. São mais notas para um diagnóstico de que você pode fazer uso no seu dia a dia do que ensaios filosóficos como tivemos até agora. Entretanto, não se engane: cada uma dessas notas está profundamente vinculada tanto à hermenêutica russa que identificou esse surto de modo agudo (a anatomia patológica da qual falava Jules Michelet, no século XIX) quanto à antropologia niilista da filosofia do homem como um ser a priori adoecido.

17. Tudo que é sólido desmancha no ar

O cinismo do dinheiro ri de nossa ansiedade em busca de um fundamento para nossas expectativas ontológicas, sociais e psicológicas. Começamos as notas por aqui porque não podemos esquecer que o niilismo contemporâneo tem um valor absoluto que tem por natureza operar numa velocidade cada vez maior, e, com isso, desvalorizar tudo à sua volta, ao longo do tempo. Como que num mestre de disfarces, o dinheiro absoluto desmancha tudo que é sólido no ar. Os líquidos do Bauman vêm daí.

Ao percebermos, ainda que intuitivamente, a dissolução de tudo diante do valor absoluto do dinheiro, sentimos o nada desse tudo diante dele. O dinheiro é cínico na sua operação, fingindo que tem sentimentos de preocupação com o mundo. O fingimento desses sentimentos é uma operação do seu clero (e o marketing se tornou sua forma mais plena), e não dele mesmo, uma vez que, como bem descreveu Marx, o dinheiro na sua forma de capital, é um autômato que funciona sem nenhuma consciência, buscando reproduzir a si mesmo com a cegueira de um vírus fora de controle. O capitalismo é uma epidemia que aos poucos desenha a face profunda do surto moderno. Quem não percebeu que o capitalismo gera niilismo como seu *by-product* não atingiu a mais mínima maturidade sociológica em relação ao mundo em que vivemos.

18. O tédio da vontade

Já vimos que Schopenhauer entendeu a dinâmica profunda da vontade no mundo. Insaciável, cega, infinita. Como ele mesmo dizia, ela nos humilha, seja pela frustração, seja pelo tédio. No primeiro caso, não deixando que a realizemos, no segundo, deixando que a realizemos. Nenhum objeto da vontade tem validade durável, devido à própria dinâmica dessa mesma vontade. No capitalismo, essa dinâmica ontológica assumiu forma social. É a estrutura que move o mundo. A vontade schopenhauriana tornou-se uma estrutura dinâmica que cria uma histeria de consumo, ao mesmo tempo que nos lega um permanente tédio como experiência ao final do dia. Esse tédio é o niilismo social típico do mundo em que vivemos. Temos que ser desejados pelos outros, por isso devemos saber dizer as palavras que eles querem ouvir, como os heróis de Gógol. Por si, o tédio se constitui num mercado de infinitas possibilidades que, ao mesmo tempo que se constitui como realidade, nos dá um gosto final na boca, que é um gosto de cinzas, na medida em que a satisfação dura um milésimo de segundo, cada vez menor.

O niilismo da vontade se manifesta especialmente na inquietação contínua que desqualifica a duração do tempo real. Nada vale porque nada se realiza plenamente no desejo. Sendo nosso mundo estruturado como uma dinâmica em que a felicidade é vivida como realização do desejo, ao final, a própria felicidade é geradora do sentimento amargo do vazio. Temos até uma ciência para isso: o marketing como prática niilista alegre.

19. O marketing como prática niilista

O marketing é o niilismo em movimento, por meio de métricas cada vez mais precisas. Se há alguns anos dizíamos que um bom profissional de marketing era aquele que sabia o que você ia querer dali a dois anos, esse profissional já assumiu, com seu parceiro artificial inteligente, a capacidade de formar seu desejo de modo prévio. E, ao contrário do que reclamam os idealizadores dos consumidores como cidadãos vítimas do marketing, esses profissionais só conseguem realizar seu trabalho graças à nossa fúria de sermos felizes realizando desejos.

O que já havia sido discutido pelo sociólogo Zygmunt Bauman na obra *Vigilância líquida* hoje é mais claro ainda: somos nós mesmos que queremos servir ao algoritmo na nossa busca de eficácia e costumização. Bauman, aqui, foi mais longe do que Shoshana Zuboff, que "culpa" o Google pela extração de dados. Quem quer eficiência e costumização quer velocidade na entrega. O suposto efeito de esvaziamento da subjetividade pelo marketing digital tem nosso consentimento.

Como vemos a sombra do nada no marketing? Mentira como método, relativismos da narrativa como justificativa, a transformação dos dois fatores anteriores como instrumento de reprodução do Capital, como diria Adorno. O marketing é o grande construtor de narrativas no mundo pós-moderno, em que a verdade não existe e o valor não tem fundamento para além da interação entre os crentes por meio do próprio marketing. A forma acelerada como o marketing constrói e desconstrói narrativas, revela de modo brutal a ideia de que a linguagem é pura convenção, deixando pós-modernos como Richard Rorty e seu pragmatismo, e Michel Foucault em suas arqueologias, encabulados e tímidos. O marketing é o niilismo na sua forma feliz e sociopata. E o mais incrível é que, se você apresentasse Bazárov para essa moçada do departamento de marketing, seguramente, eles ficariam preocupados com seu filho único mimado e fariam xixi nas calças.

20. O fetiche da transmissão de valores de uma geração para outra

Bazárov em *Pais e filhos*, de Turguêniev e Piotr Vierkhoviensky em *Os demônios*, de Dostoiévieski (já citados) são niilistas "plenos" do cenário histórico russo. Ambos carregam o desprezo pelas gerações anteriores, como vimos. Apontam para o chamado "conflito de gerações" que, de lá pra cá, já virou calça jeans. Há um aspecto em que prestamos menos atenção nesse "conflito". A ingenuidade ou ignorância para com esse aspecto aparece continuamente em pessoas "preocupadas" com a transmissão de valores para a geração mais jovem. Deve-se dizer que não existe mais, ou quase não existe, qualquer possibilidade dessa tal transmissão. Aliás, a tal transmissão que supostamente se dava no passado, e tão idealizada pelas vertentes reacionárias do romantismo, nada mais era do que a simples e pura falta de opção ou de estradas. Confundia-se repetição inercial de modos de vida com transmissão de valores. Por quê?

Já está claro que a modernidade retirou uma espécie de proteção que a experiência ancestral tinha "construído" contra os delírios de uma espécie que "ouve vozes na sua cabeça" e passa ao ato, guiada por essas vozes. Essa proteção era a imobilidade dos hábitos, crenças e costumes que foram sendo sedimentados ao longo dos muitos milênios de história sem "progresso". A aceleração desse processo de progresso, aos poucos, inutilizou essa rede de proteção. O aumento do letramento, das técnicas de difusão de informação, a transformação científica e técnica, a criação de estradas e meios de transporte pôs em xeque essa rede de proteção, criando um vazio onde antes havia imobilidade e repetição. A suposta transmissão era a repetição dessa imobilidade, como apontamos anteriormente.

Só se leva em consideração valores de alguém quando esse alguém é reconhecido como agente de valoração consistente. A desqualificação das gerações mais velhas, sua suposta inutilidade com relação ao progresso das formas de vida e a mobilidade acelerada dessas mudanças jogaram as gerações anteriores no vazio de validade como agentes de valoração. Portanto, o narrador, como dizia Walter Benjamin, se desfez. A vida passa a ser narrada pelas formas de produção, de consumo e pela geração de novas técnicas desses dois processos. Restou o fetiche da transmissão materializado no discurso, agora do marketing, em busca de explorar a enorme camada social de longevos, como forma de salvação da ideia falsa de transmissão de valores de uma geração para outra. Quando os mais velhos imitam os mais jovens, aqueles perdem o lugar de agente consistentes de valoração e estes não veem futuro no envelhecimento. O olhar duro do niilismo como negatividade radical do pensamento não deixa passar em branco essa ridícula tentativa de fuga da realidade devastada pelo progresso inexorável da modernidade e sua operação mercantil.

21. A educação niilista

Como dizíamos no capítulo anterior, a transmissão de valores de uma geração a outra é um fetiche. Uma afetação que nem alcança a ideia de sê-lo esteticamente. Brega na sua forma e banal no seu conteúdo. Se falarmos de transmissão de valores de uma geração a outra, estamos, necessariamente, no âmbito da educação, seja ela formal, seja ela na forma de Paideia, como pensavam os gregos, ou seja, educação como formação da pessoa. Em ambas as frentes, a educação tornou-se um veículo do nada.

Comecemos pelo fato de que ter filhos hoje é um ônus. A necessidade de ter que mentir sobre isso adoece. "Filhos enchem o saco", diz o ex-pai descolado durante a quarentena da covid-19. Da categoria de ativo na sustentação material da vida no mundo de caçadores-coletores ou de agricultores, os filhos passaram, na era capitalista industrial, à categoria de passivos, que muito demanda e pouco entrega. Pets duram menos, amam mais, são menos ambivalentes e menos caros quanto à manutenção. A questão da educação começa mal porque começa com essa mentira de transformação de valores de uma geração a outra. Não há dúvida de que a vida não suporta a verdade em demasia, mas a alegria da mentira (o marketing) é, especialmente, ansiogênica.

Muito já se disse, e eu mesmo escrevi, sobre a condição sofrível dos jovens e de seus pais, que os veem como um projeto para um mundo melhor, mas os sentem como um passivo na vida. Nada é melhor para acabar com seu filho do que querer fazer dele um agente para um mundo melhor. Mas, para ver o niilismo que habita essa condição específica, voltemos ao nosso intelectual preguiçoso, nosso homem supérfluo de Dostoiévski e Turguêniev, por um breve instante. Lembremos que a função da erudição aqui é oferecer a você, caro(a) leitor(a), a esperança de um dia dar nome às coisas.

A destruição da fé nas próprias capacidades pode ser fruto de ampla formação intelectual inativa, acompanhado de um forte componente de humilhação social, devido ao fracasso econômico ou à repressão política — e, no nosso mundo atual, devido ao cancelamento da carreira ou da vida, pelas redes sociais. Formação intelectual *per se* não garante caráter, pelo contrário, pode ter efeito reverso em termos de uma vaidade sem realizações de fato — vemos isso, por exemplo, no velho professor irrelevante de estética na peça *O tio Vânia*, de Tchékhov. A educação supérflua recebe muitas pessoas que tinham para si um grande futuro intelectual, mas acordaram professores medíocres e invisíveis, cheios de ressentimento. Desqualificados pelos salários, pelo envelhecimento, pelo desconhecimento das novas formas de "transmissão" de conteúdos, o professor supérfluo guarda para si o ressentimento de ter acordado um dia mero professor de meia-idade. Nem alunas ele pega mais.

Nada como pedagogias modernas, que pregam a condição de "facilitadores" para professores desencantados com o brilho sem valor da profissão. Sim, sei o que dirão as mentes ofendidas. O niilismo não guarda nenhum respeito pela mente ofendida. As modas educativas servem bem à preguiça, como servia ao intelectual Stiépan Vierkhoviensky, de *Os demônios* de Dostoiévski, que não gostava dos incômodos de acordar cedo.

Por outro lado, o jovem é uma *commodity* em queda em termos estatísticos, o que impele as escolas a trazer para dentro delas um dos piores elementos para o ambiente escolar: os pais. Na necessidade de fidelizá-los como clientes, a escola oferece tudo: prazer sem limites, autoestima 4.0 customizada, Inteligência Artificial (IA) de bolso, professores jovens que não passam de vinte anos porque a imaturidade se tornou um ativo por ser considerada "contemporânea". A queda na estatística na produção de filhos, fruto da transformação desses em ônus, como apontamos anteriormente, é irreversível no ambiente do capitalismo selvagem travestido de progressista em que vivemos. A emancipação feminina fez da maternidade um passivo evitável. A própria ideia de que querer ser mãe seja um fato natural numa mulher encontra obstáculos fáceis por parte da desconstrução de tudo, fetiche do capitalismo inteligente. A filosofia da desconstrução é um dos filhos diletos do niilismo, ainda que minta sobre esse fato. Da escola às universidades, a única "tendência" possível da educação é ser uma agência de inovação voltada ao mercado. Aquele mesmo do qual falávamos há pouco. As milhares de invenções com nomes em inglês, geradas para os "gerentes de pessoas", não esconde o nada que habita o coração dessa ordem do mundo.

22. A família cercada pelo nada

O trabalho de crítica da estrutura familiar como conhecemos é uma obviedade nas ciências humanas há muito tempo. Patriarcal, burguesa, opressora, capitalista, machista, a lista é entediante para um niilista que parte do pressuposto de que tudo é efêmero, histórico, inventado e passível de virar nada, dependendo de quem decidir desvelar o escondido (a falta de fundamento absoluto) sob a naturalização de toda instituição como a família ou outras similares. Ainda que todas essas críticas sejam feitas sob a rubrica de "melhorar" a família, ao olhar niilista, importa apenas iluminar o vazio do fundamento. Consequências decorrem daí, e são algumas delas que os russos citados aqui foram mais longe do que qualquer debate público desde então acerca do assunto.

A história está do lado do niilista: aquilo que chamamos de "família" sempre mudou ao longo do tempo. Nunca houve uma família "feliz" (os reacionários sempre estão errados). Aliás, como nos diz Tolstói na abertura do seu monumental *Guerra e paz*, "as famílias felizes o são sempre do mesmo modo, as infelizes o são cada um a seu modo". Tinha ele em mente o modelo burguês e aristocrático. Logo, a infelicidade é mais "criativa" — a ideia é "disruptiva", como se fala no mundo coorporativo — e a felicidade implica a aceitação de uma vida apenas razoável e com forte repressão do desejo, como vimos acima em Tolstói. A vontade de Schopenhauer tende à destruição da família quando vivemos em busca da felicidade como realização do desejo. Independente da felicidade, as famílias são unidades sociais e reprodutivas de traços bastante heterogêneos ao longo da Pré-História e da história.

A esse respeito, o historiador francês Fustel de Coulanges, no século XIX, em *A cidade antiga*, mostra como a família grega antiga evoluiu a partir de sua matriz de bando ainda no neolítico. Ideias como, por exemplo, saber quem era o pai de quem, sempre esteve associada à possibilidade de haver alguma herança em jogo, como a "casa" onde se vivia. A concepção peculiar de "propriedade privada" que descreve Coulanges nessa obra está ligada ao fato de que os donos eram sempre os mortos ancestrais dos vivos que viviam naquela "casa". A linhagem era a dona, não os habitantes vivos da "casa". A noção de propriedade e de família estavam associadas à linhagem dos mortos. O destino da alma e da vida após a morte era central nas crenças que fundavam o cotidiano da "família", coisa muito distante da concepção de família atual. Os vivos deveriam cultuar esses mortos quase o dia todo, reconhecendo o que escritor francês do século XX, Georges Bernanos, chamava de a "majestade da morte" em sua obra *L'Imposture*, sem tradução em português. E também deviam enterrá-los embaixo do fogo central da "casa" sob o risco de esses mortos não os protegerem mais e se transformarem em demônios a atormentá-los. Segundo Coulanges, e muitos outros, não há continuidade entre o modelo antigo de família e cidade e o modelo de hoje. Não existem continuidades históricas que evoluem constituindo um plano linear de solidez institucional. A ruptura entre o mundo antigo e nós é absoluta. Claro que homens e mulheres continuam fazendo filhos biologicamente da mesma forma, mas o modo cultural de organizar e "ver" esse ato é completamente sem vínculos históricos contínuos. Pensar em longa duração é capturar essas descontinuidades no plano social e cultural. A era do niilismo pode vir a se constituir em uma dessas formas de descontinuidades para um mundo em que se vivia culturalmente quase imóvel. A dimensão biológica ou geográfica é, justamente, aquilo que se constitui na primeira forma de temporalidade de que fala Braudel, chamando-a de imóvel, e, portanto, contínua, mas muda, com o tempo silencioso. Quando falamos dos elementos imóveis em si, ou quando esses elementos "se põem a falar", já começamos a adentrar na segunda temporalidade, a social, e aí surgem descontinuidades em longos espaços de tempo.

Se passamos para a Idade Média, e acompanhamos o volume 1 da *História da vida privada*, organizado por Paul Veyne, veremos que a reprodução da espécie entre a maioria esmagadora das pessoas se dava de modo bem pouco institucional, afora as linhagens nobres que tinham patrimônio. Não havia família enquanto tal, o "povo" vivia em "parentelas", grupos grandes em que os homens faziam filhos em mulheres diferentes e na frente de todo mundo, sem noção de privacidade. E hoje, quando se põe na mesa a ideia de filhos criados por dois homens ou duas mulheres, não há a priori nenhuma certeza quanto à possibilidade desse modelo "dar certo ou errado". Tampouco a ideia de gerar filhos artificialmente pode ser negada. O descolamento entre o destino biológico e o destino histórico é facilmente realizado através da técnica em muitos planos.

Não há evolução histórica nenhuma. O que entendemos por família hoje é uma experiência que desliza sobre uma superfície fina, que pode ser rompida a qualquer instante. Na verdade, a própria ideia de ter filhos como "ato natural" do adulto está mais em xeque do que qualquer outro processo. Como bem nos disse Tolstói na sua teoria da história em *Guerra e paz*, não temos a mínima ideia de como se "constrói" a história.

Entretanto, a crítica à família entre nós não vai tão longe porque ninguém quer ficar face a face com o nada de fundamento que rodeia toda a existência humana, seja ela espiritual, social, afetiva ou política.

23. A politização niilista dos afetos

A principal crítica à família parte da leitura política. A politização da realidade, fruto dos movimentos sociais do século XIX na Europa, atingiram os afetos. A opinião de Bazárov sobre os afetos como fragilidade dos supérfluos "evoluiu" para uma ampla plataforma de desqualificação da vida amorosa e familiar, como vimos.

A verdade é que, quando apontamos os aspectos políticos subjacentes às relações humanas, facilmente podemos decompô-las nas suas estruturas de poder, de um ponto de vista sociológico. É evidente que há poderes ou biopoderes em ação entre as pessoas e suas instituições. Essas análises recaem quase sempre sobre o comportamento masculino opressor. Cada vez mais, as mulheres mais jovens criticam os homens e suspeitam deles, ainda que sob o signo de realizar o bem social. O ressentimento tem dominado a vida afetiva nas últimas décadas. Se as relações humanas nunca foram "boas", a intenção de melhorá-las via crítica política tampouco tem ajudado muito. Toda uma cultura da suspeita se instalou. E o nada ri entre os dentes.

Ao olhar niilista, esse processo, ainda que muito pautado por uma utopia progressista das relações afetivas, apenas descortina o caráter efêmero dos sentimentos sob impacto das transformações daquilo que era como antes, apenas pela imobilidade repetitiva dos modos de vida. Esse avanço do niilismo sobre os afetos tem gerado muito daquilo que chamamos de psicopatologias, inclusive entre os jovens, porque destroem os modelos de viver esses afetos. Estes são impulsos que necessitam de uma gramática moral que diga o que neles é válido, o que neles merece continuidade, o que neles é nocivo, o que neles é "sagrado". Mesmo que sob a rubrica de torná-los "progressistas", o que a contaminação pelo nada de fundamento e de gramática causa na vida das pessoas é uma profunda desintegração, como dizia Dostoiévski, e uma sensação de desorientação.

Afetos demandam organização no dia a dia, demandam valoração do modo como os experimentamos. No território amoroso, o niilismo inconsciente faz um enorme estrago porque dependemos dos afetos ordenados para viver (essa ordem nunca implicou necessariamente felicidade), como mostram bem os autores russos. A historicidade dos afetos, num mundo em que sua gramática foi dissolvida, abre uma ruptura nos modos como os interpretamos e, nesse sentido, podemos mesmo vir a valorizá-los de modo diferente. Quem sabe, em breve, veremos o amor romântico não mais como uma bela doença, como vimos desde o século XII para cá, mas como uma forma de violação do direito à solidão depressiva. Não devemos menosprezar a possibilidade de um "novo" contrato social que se movimente entre a alegria histérica do marketing existencial e a depressão como condição "normal" da vida. Da polarização à bipolaridade como prática social.

24. Niilismo e política

O medo do niilismo na política é, talvez, um dos maiores medos dentro da mitologia democrática. Ao mesmo tempo, na Rússia do século XIX, o niilismo era, marcadamente, político. Entre as discussões que reuniram Turguêniev, Tolstói, Herzen e Dostoiévski, a sombra do niilismo político está sempre presente. Verdade que o "sinal" desse niilismo varia entre ele ser positivo para "melhorar" a vida — por exemplo, no movimento da geração de 1860, a geração niilista "oficialmente", em Herzen e sua liberdade dada pelo acaso, ou mesmo em Tolstói e seu cristianismo anarquista, idealizador da vida simples do mujique —, levando ao progresso e à revolução socialista, ou negativo — como em Turguêniev e Dostoiévski —, gerador de desintegração e de niilismo moral propriamente, chegando ao assassinato de um pai na obra clássica de Dostoiévski, *Os irmãos Karamázov*, que Freud considerava o maior romance da literatura ocidental.

Mas, como estamos aqui no varejo do niilismo, deixemos de lado o debate anterior e olhemos mais de perto o pavor do niilismo como ácido em relação à mitologia democrática contemporânea. Qual é essa mitologia?

Ela está assentada, de partida, na ideia de que a natureza humana seja racional, historicamente aperfeiçoável, enfim, irrestrita, nas palavras do autor americano Thomas Sowell nas obras *Conflito de visões: origens ideológicas das lutas políticas* e *Os intelectuais e a sociedade*. Uma natureza humana irrestrita — não vou seguir aqui toda a tradição que abraça essa percepção, mas ela é prioritariamente de têmpera iluminista — significa que não temos limites que restrinjam nosso avanço moral, científico, político, técnico, comportamental, espiritual. Claro que a visão oposta é a denominada restrita, que vimos claramente nos debates russos, assim como na antropologia niilista apresentada na segunda parte de nosso percurso. Para essa segunda escola, mais cética, trata-se de ir com calma quando falamos de comportamento humano e seus "recursos". A convergência clara entre o marketing e a visão irrestrita evidencia sua natureza de *business*: falar bem de nós mesmos ilumina o vínculo profundo entre capitalismo e niilismo, já apontado anteriormente no espectro da discussão de Adorno e a que voltaremos adiante. O otimismo antropológico é essencial para a mercadoria circular. Aqui, o que nos importa imediatamente é a relação entre essa visão irrestrita e o mito da democracia.

O mito da democracia em declínio pode levar ao niilismo político — associado a outras variáveis, como os danos causados pelas redes sociais e pelo capitalismo avançado. A descoberta da ciência política empírica de que não existe o eleitor crítico e informado, mas apenas o desinformado ou o raivoso, desmonta a "lenda da democracia", como falam Larry Bartels e Christopher H. Achen em *Democracy for Realists: Why Elections Do Not Produce Responsive Government*. A porcentagem de eleitores informados e críticos é perto de zero, e de impacto insignificante, como argumenta Jason Brennan em *Against Democracy*. O vínculo entre informação e ampliação da "capacidade crítica" é um fetiche. Esse é o coração da crítica ao mito da democracia. Além de tudo, as pessoas comuns não têm tempo de pesquisar nada no dia a dia e, quando o fazem, a fim de se envolver com política, o fazem a partir de paixões alegres ou tristes. As taras ideológicas são a rainha da política.

Entretanto, ainda que o niilismo político possa armar a violência política, a cegueira com relação ao aspecto mítico em ação na democracia não é menos perigosa em termos de violência e destruição do "pior dos regimes, com exceção de todos os outros", segundo Churchill. Essa cegueira, como toda cegueira, impede-nos de olhar a realidade. Esse último argumento é um dos mais fortes do niilismo: quando temos uma visão aguda das coisas, percebemos a ontologia do nada corroendo nossas crenças insustentáveis e o problema de como enfrentar esse nada é o coração do niilismo como ética.

A crença nas instituições democráticas, como fator essencial para contrabalançar o mito da natureza irrestritamente aperfeiçoável da soberania popular, também sofre nos últimos tempos. A democracia é um regime histórico e efêmero como tudo que é histórico, e junto a ele, suas instituições. As pessoas parecem favorecer regimes políticos, nas democracias contemporâneas, que garantam a diminuição de desigualdades social, econômica e perante a lei, assim como regimes transparentes. Mas, ao mesmo tempo, fatores como uma certa homogeneidade cultural conta — e todos os marcadores apontados há pouco se alimentam de paixões para se colocarem como atores na arena política. Nenhuma das qualidades referidas tem melhorado sua performance na maioria dos países nos últimos anos e, com isso, a sensação de justa representatividade entra em agonia.

À medida que cresce a transparência nociva da sociedade em rede e o ruído desta, há que se indagar até que ponto suportamos a transparência enquanto tal. Dostoiévski, nas suas crônicas sobre a feira de ciências em Londres no século XIX, especificamente sobre o "palácio de cristal", já lançava dúvidas sobre a devastação causada pela ideia moderna de uma vida sem sombras ou cantos escuros em que possamos nos "esconder da luz".

No final do dia, a luz em demasia, a informação em demasia, a transparência em demasia, a falação em demasia, podem complicar a sobrevida do mito da democracia. Como já disse em outros lugares, e repito, dentro de alguns séculos, nossos descendentes poderão considerar nossa fé na democracia como algo semelhante à fé na leitura do futuro feita nas vísceras dos animas rasgados com esse fim, praticada em tempos anteriores.

Para além da possível crise do mito da democracia, o niilismo na política pode se instalar à medida que perdemos a fé na política como esfera de progresso humano. A simples suspeita de que a capacidade de crença, seja ela no que for, é função da imobilidade das coisas, pode destruir qualquer crença em si. Nessa chave, a própria mobilidade instaurada pela modernidade, como vimos, é a grande causa eficiente da era do niilismo. Essa ausência de fundamento da crença causa um dos afetos mais conhecidos na era do niilismo: a melancolia moderna.

25. Niilismo e melancolia

Não vou discutir aqui fatos como o aumento da depressão e do uso de medicação entre jovens nos últimos anos. A suposição de que vivemos numa era niilista é anterior a "sintomas" estatísticos como esse. O vínculo entre niilismo e melancolia, no âmbito de nosso percurso aqui, nasce da percepção de que, como acabamos de dizer, a mobilidade acelerada das mudanças na era moderna causa o mal-estar de vermos o vazio da fundamentação de nossas crenças.

Mas engana-se quem achar que a melancolia niilista nasce exatamente desse vazio visto a partir da experiência histórica moderna. Não: o filósofo Cioran, visto nas suas "confissões de um niilista", bem sabe que o nada nos habita desde sempre porque ele é o ácido que corrói a carne. O niilismo filosófico mais profundo é resultado da noção de que a consciência niilista é uma doença moderna (a doença de Bazárov), e sua raiz maior se encontra no fato de que a "saúde pré-moderna" nunca existiu. Não há para onde fugir: nem para o passado, nem para o futuro, nem para o mundo espiritual, porque Deus está morto.

O fundamento das crenças era a imobilidade, a ignorância e a falta de opção. Nesse sentido, a melancolia niilista não é o luto de um passado seguro, mas o luto da ilusão de que, em algum momento, existiu qualquer fundamento. A suspeita de que haja uma relação intrínseca entre consciência pura e a angústia essencial é a descoberta de Kierkegaard vista anteriormente. Este é o "cheiro de nada" ao qual ele fez referência.

Portanto, a melancolia niilista não brota apenas do desespero ante a modernidade propriamente dita, mas do aumento da consciência humana enquanto tal. Como um excesso de consciência, muito pesada para uma alma que nunca esperou conhecê-la.

26. Niilismo e capitalismo

O capitalismo como reprodutor do niilismo é largamente reconhecido. Quando falamos do marketing niilista ou, antes, quando tratamos de Adorno, já apontamos essa característica. A dança macabra de Gógol é o início desse movimento em que contra o espectro do nada corremos para ser alguém, mesmo que esse alguém só exista à custa de um capote novo.

O capitalismo tem uma dupla coreografia nesse cenário. Um primeiro movimento é a aceleração em si que se faz signo do próprio sistema de troca de mercadorias. Falas como "O PIB cresceu ou não?" apontam para a impossibilidade do descanso. Esse descanso existiu apenas enquanto não havia possibilidade de sua inexistência, pela própria ausência de ferramentas básicas para pôr em movimento a aceleração das coisas. Uma vez estabelecidas essas condições (máquinas, estradas, cartórios, burocracia, ciências aplicadas), o repouso tornou-se uma utopia impossível. O repouso na imobilidade é o descanso tão invejado pelos modernos românticos.

O segundo movimento do capitalismo é a tentativa de alocar recursos morais que tamponem o estrago causado por essa mesma aceleração do processo. Com uma mão destrói, com a outra ensaia reconstruir. Aqui vemos um limite da dinâmica do próprio sistema: ele não consegue criar "valor", a não ser o seu próprio, o capital de trocas. O valor, ou seja, a qualidade que um agente de valoração aplica a um objeto ou à realidade, depende de muito tempo para se estabelecer. Não é da ordem da oscilação do dólar, nem da moda de comportamento que os *millennials* acreditam ser. Você não será um habitante da natureza porque se diz "neorrural". Não importa o quanto o sistema tente recriar o mundo, ele não será nada além do que marketing existencial. Quando você só pensa em vender, crescer, inovar e, para isso, tem que mentir o tempo todo, não existe saída. O que nos protegia do nada era o atraso das possibilidades técnicas. O paraíso idealizado é só a inércia do mundo.

27. Niilismo e redes sociais

Muito já se falou sobre as redes sociais. Quero apenas aqui pontuar seu vínculo com o ruído e com o nada que lhe é adjacente. Esse nada específico decorre de sua natureza ruidosa. O ruído das redes enche o mundo de nada.

Uma das maiores utopias da lenda da democracia descrita anteriormente é a ideia de que o diálogo é *logos*, ou seja, que uma das formas mais belas da razão se manifesta no debate político. Utopia grega. As redes sociais são o túmulo da lenda da democracia e da sua expectativa por um diálogo maduro. Claro que as redes são úteis para uma série de coisas. As locomotivas também o são, mas nem por isso não deixa de haver um efeito colateral nelas. Um desses efeitos é a multiplicação em alta velocidade da experiência do niilismo como decorrência do ridículo afetivo, da pobreza intelectual e da miséria semântica que delas exalam. Como um fedor do nada, as redes sociais e seu ruído apresentam uma das formas menos estéticas do encontro com o nada.

A desarticulação da vida privada, da vida política, da vida profissional, da vida afetiva — todos devem se humilhar se fazendo produto do marketing digital —, da vida cognitiva, e mesmo da epistêmica (veremos a seguir, quando falarmos do niilismo na pandemia), é uma constante como efeito do ruído das redes. Como uma casa de loucos, o mundo é tomado pela fúria dos irrelevantes e das celebridades. Os personagens de Gógol são seus ancestrais.

28. Niilismo e pandemia

Onde encontramos esse nada na pandemia? Não no medo justificado da morte ou do sofrimento. Nem no confinamento forçado, nem na crise econômica necessariamente associada. Nem tampouco no fato de essa ser uma *commodity* política, o que tudo é quando o sistema político tem como uma das suas ferramentas o mercado eleitoral. A representação da soberania popular é um mercado como qualquer outro. A representação é uma *commodity*. No caso da pandemia, sendo ela uma variável que mede o comportamento e as reações das pessoas, é evidente que os profissionais da política a usarão toda vez que puderem. O cinismo da política é um clássico, só mentirosos fingem não saber disso, como uma espécie de virgem no bordel, posam de vestais na orgia. O cinismo não provoca a experiência do niilismo de verdade. O cinismo é o hábito da ironia como ética. Nada há de mentira na postura cínica. Pode haver agonia diante dele, mas não necessariamente de má-fé. No mundo do marketing, o cinismo pode ser a única forma de consciência da realidade, ainda que canalha. O cínico é um canalha honesto. Coisa rara.

O niilismo na pandemia aparece no comportamento da elite de especialistas e da mídia. É evidente que muitas pessoas trabalharam com afinco e risco pessoal — hoje sempre temos que fazer esse tipo de *disclaimer* quando falamos a sério porque o mundo é um parque temático de ofendidos. Mas aponto aqui um fato comportamental na interação entre a elite de especialistas e a mídia: a busca do networking, da condição de celebridade, de explicar o que nada se sabe ainda, valendo-se de uma credencial científica em que a ciência é entendida do ponto de vista do senso comum. A pobre ciência não é o império das certezas, mas a luta perdida contra as incertezas. Ela é rasgada por vaidades e baixarias como os bancos ou as universidades, e não é um mosteiro de santos dedicados à causa da humanidade, ainda que possa ter aí sua raiz. O que move a ciência é a vaidade e o dinheiro, e isso ficou claro durante a pandemia para quem teve coragem e condição de enxergar para além das tentativas idiotas de conseguir alentos nas explicações "científicas" que passam como o vento. Entretanto, desejo que os negacionistas ou defensores de teorias conspiratórias se vejam representados aqui, posto que negar a pandemia e sua ferocidade ou afirmar que ela foi criação chinesa é um modo ridículo de, também, não entrar em contato com o nada de certeza que nos assola.

    O vocabulário gerado pela ciência do vírus acabou por virar assunto de conversas, como antes se falava do tempo ou da aplicação da bolsa. O niilismo banal perceptível no amor ao vírus por parte de "grandes" profissionais que saíram da irrelevância graças à covid-19 deveria ser objeto da epistemologia empírica (teoria da ciência). Pensamos até que essa pandemia não passará nunca mais. Todas as epidemias passaram, mas essa, temo que será para sempre. Nossa reação a ela, nossa tentativa de catar o vírus com os dedos, falam da eternidade na pandemia como casa de nossa covardia. A crença idiota de que no "primeiro mundo" tudo sempre vai bem é signo de ignorância. Enfim, os elementos de um niilismo irmão do ceticismo estão evidentes para quem não tem medo de viver sem respostas científicas sobre a pandemia porque, na verdade, existem muito poucas. Quase nenhuma.

29. Niilismo e o século XXI

O niilismo não é uma escolha, uma ética. Ele é, a priori, uma era, uma experiência histórica, como temos dito ao longo do nosso percurso. Nesse sentido, não deve passar como experiência histórica, pelo contrário, deve se aprofundar. Mas o mundo fica cada vez mais "divertido" e podemos nos distrair fugindo da angústia que o nada causa em nós, como bem viu Kierkegaard.

O fracasso da fuga da angústia deve ampliar a experiência do niilismo. Entendo que o marketing é a disciplina prática que tentará estancar o niilismo com narrativas belas de inclusão de idosos, negros, trans, e, futuramente, seres inteligentes artificiais devastando os empregos dos humanos, e tudo mais. Mas, contra esse "marketing do bem" trabalham as abelhas operárias com seus celulares, traindo a intenção do marketing num primeiro momento: vender tudo, transformar tudo em tralha, todo mundo em algo que valha alguma coisa, porque a priori não vale nada. Eis a questão. A decisão final de se fazer produto deverá ser a forma mais clara do *ethos* do niilismo no século XXI. O otimismo como repressão de qualquer processo afetivo ou intelectual, que não couber na higiene da ética digital, nos levará à conclusão de que mesmo a desintegração do sujeito pode ser negociada, como capa de alguma plataforma de mídia em que uma pessoa já idosa, cansada e com medo, deve posar como poderosa. A repressão do medo do nada que nos habita já é uma das novas formas de gerar desespero no mundo. E o niilismo se alimenta do desespero. O século XXI deverá ser sem esperanças e com muitos ruídos. Além de ser muito pior do que o século XX, como este foi pior do que o XIX, este do que o XVIII...

30. O encontro com o nada

Percorremos até aqui um longo trajeto da história de longa duração da era do niilismo. Essa era é definida por mim, na abertura, como o surto psicótico moderno, ainda que funcional. Uma espécie que "ouve vozes na cabeça" ainda no alto paleolítico, paulatinamente, e assimila essas vozes como nossa atividade do pensamento. O processo de lida com esse mundo interior, e suas manifestações objetivas exteriores, arrasta-se até hoje, e agora sabemos que sem nenhum fundamento além das próprias "vozes". Percorremos várias referências teóricas da literatura russa e da filosofia, ambas do século XIX, na sua maioria, quando a modernidade estreia na Europa. Agora, nossa intenção é descrever brevemente como olhar para esse encontro com o nada. Esse é, acima de tudo, a experiência da inconsistência da vida e dos seus fundamentos. Não há garantias de como sairemos dessa era, e ela pode muito bem apenas ter começado.

Como dissemos anteriormente, esse encontro não é uma escolha, é um fato histórico. Não é possível se cunhar no que seria uma ética niilista para além da descrição de seus determinantes e sintomas, que é o que fizemos até aqui. Aparentemente, dois conjuntos de opções existem diante de nós, e já o vimos ao longo do nosso percurso. Voltamos a eles para deixar uma última palavra para você que nos seguiu até aqui porque talvez você não tenha lá muito boa memória.

A primeira é a solução schopenhauriana abraçada em grande medida por Turguêniev: a fuga do mundo, a discrição, a elegância de não se deixar devorar pela fúria da vontade. Adorno se aproxima do negativismo desses dois autores, apesar de partir de um referencial sociológico e não ontológico e psicológico a priori. A segunda é a de Herzen, que é abraçar a contingência e vê-la como libertação. Herzen está longe de ser um ingênuo. Sua "descoberta do acaso" não é uma utopia, mas uma demanda gigantesca de viver sem derreter diante do que o niilismo nos revela. Não há garantias em nenhuma das duas.

Neste fechamento de nosso percurso, gostaria de pensar na proposta de enfrentamento do nada que o escritor e filósofo francês Albert Camus nos oferece. Entendo que há nele quatro formas de lidar com o nada. Lembremos que esse nada, tal como tratamos aqui, não é um abstrato, é um fato concreto, produto de vínculos sociais, processos históricos, fraturas existenciais, arranjos econômicos e políticos. O nada, como dissemos antes, é o nada de esperança, de fundamento da moral, de vínculos, enfim, de sentido (*telos*).

A primeira forma em Camus é a depressão niilista do personagem Meursault no romance *O estrangeiro*. Assassino blasé, desinteressado pela própria condenação à morte, apressado para fumar um cigarro no enterro da mãe, Meursault parece encantado apenas pelo corpo das mulheres e pelo gozo estético que faz deles. Nesse nível, Camus parece se aproximar perigosamente de uma saída estética para o niilismo, apesar de acossada pela depressão psicológica profunda. As soluções estéticas têm fôlego curto, como vimos em Kierkegaard.

A segunda forma parece ser aquela do ensaio *O mito de Sísifo* em que a consciência do absurdo da existência indica que viver é um trabalho de Sísifo contra esse absurdo. Camus define esse absurdo como sendo a dissociação entre o personagem (o homem) e o cenário (o mundo). O personagem é um ser de sentido e que busca essa contrapartida no mundo à sua volta. O mundo, o cenário que o cerca, lhe é indiferente e não comporta em si qualquer sentido. Essa percepção é muito próxima do que nos diz Turguêniev em *Pais e filhos* acerca da natureza e do que nos diz Herzen e Tolstói sobre a história. O absurdo é essa dissociação estrutural da alma para seu mundo em volta, por isso Camus abre o ensaio com a afirmação de que o único problema filosófico de fato é o suicídio, o resto são detalhes para os engenheiros resolverem. A resposta ao suicídio não virá de uma tentativa de se enganar acerca da condição de Sísifo, mas de se cansar dela. A virtude, como pensa também Cioran em outro cenário, pode ser fruto do cansaço. O cansaço do qual nos fala Camus (e Cioran) é em relação ao jogo infinito de compactuar com a ilusão de que a pedra não rolará de volta sobre você — Sísifo fora condenado a rolar uma pedra para cima, que voltará a cair sobre ele infinitamente de modo repetitivo. A consciência do absurdo aqui deveria nos levar à perda de qualquer expectativa de que o cenário se modificará por causa de nossa tristeza em relação à sua indiferença para com nosso personagem. O cansaço liberta. Quem cansa busca repouso, e o repouso aqui é aceitação do absurdo como realidade das coisas. Num mundo descrito por Gógol e Adorno, o cansaço pode ser a última forma de elegância.

A terceira forma, descendente direta da segunda, é a revolta como *ethos* moral, mais presente no seu ensaio *O homem revoltado*. Se o mundo é indiferente à nossa busca, se a esperança da utopia política acabou — ele escreve nos momentos seguintes a derrocada moral da União Soviética —, que deixemos claro que sabemos do absurdo, mas que nem por isso nos submeteremos a ele. A "metafísica" de Camus aqui é a disposição para revolta como um *ethos* de um personagem que sabe que ele decide só diante do nada e de forças (naturais e históricas) que sempre o ultrapassarão.

E aí chegamos à quarta forma — anterior às outras na cronologia da vida do autor —, presente no seu caderno de notas *Esperança do mundo*. A grande questão de todo mundo que faz a experiência do niilismo de forma plena, e que recusa as soluções religiosas — soluções essas que encontramos, de forma sofisticada, em autores como Dostoiévski e Tolstói — é se indagar se há esperança para além da era do niilismo. Como lidar com o mundo se somos uma espécie de precário equilíbrio psicológico e em surto desde que "tomamos" a história e o mundo em nossas mãos? Como aquilatar a validade das "vozes em nossa cabeça"?

Qualquer esperança que haja, não virá da negação de nossa condição. O passado era "mais feliz", apenas na medida em que era imóvel. Não há garantias em nossos projetos. A fé na política é uma tentativa de roubar da graça a expectativa da redenção. É fundamental percebermos que a mentira organizada agora não vem apenas de governos totalitários, mas do mercado totalitário e seu "*ethos* do marketing": mentir para ser feliz. Se é fundamental ter esperança no mundo como Camus parece crer, eu diria que comecemos por ouvir os niilistas e aqueles que os reconhecem, para além dos fetiches que esse conceito desperta, porque eles é que olham o nada nos olhos e continuam a levantar da cama todo dia. A esperança, como todo valor ou virtude, existe sem fundamento. Essa é a descoberta devastadora do niilismo. O único fundamento da esperança é a simples prática de si mesma. A batalha é por arrancar o sentido das pedras, sem enlouquecermos.

A luta para continuar a assimilarmos "as vozes na nossa cabeça" do nosso próprio pensamento continua, não se encerrou no neolítico. E agora, provavelmente, o processo é mais dolorido, porque, paulatinamente, percebemos que não é sem sofrimento que abandonamos a crença de que existam "vozes na nossa cabeça" que falem desde um lugar ou desde um mundo que não seja nossa própria e solitária criação. A solidão cósmica que o niilismo descortina é seu maior peso, como já tinham percebido Herzen e Turguêniev.

Referências

ACHEN, C. H.; BARTELS, L. M. *Democracy for Realists*: Why Elections Do Not Produce Responsive Government. Princeton: Princeton University Press, 2016.

ADORNO, T. W. *Minima moralia*: reflexões a partir da vida danificada. 2. ed. São Paulo: Ática, 1993.

ARISTÓTELES. *Metafísica; ética a Nicômaco; poética*. São Paulo: Abril Cultural, 1984. Coleção Os Pensadores.

BAKHTIN, M. *La Poétique de Dostoïevski*. Paris: Seuil, 1970.

BAKUNIN, M. *Bakunin:* Selected Texts 1868-1875. Londres: The Merlin Press, 2016.

BARTLETT, R. *Tolstoy:* A Russian Life. Londres: Profile Books, 2018.

BAUMAN, Z. *Modernidade líquida*. São Paulo: Zahar, 2001.

_____. *Vigilância líquida*. São Paulo: Zahar, 2014.

BECKER, E. *A negação da morte*. Rio de Janeiro: Record, 1995.

BENJAMIN, W. "O narrador. Considerações sobre a obra de Nikolai Leskov". In: _____. *Magia e técnica, arte e política*. São Paulo: Editora Brasiliense, 1985.

BERLIN, I. *Pensadores russos*. São Paulo: Companhia das Letras, 1988.

_____. *As raízes do romantismo*. São Paulo: Três Estrelas, 2015.

BERNANOS, G. *L'Imposture*. Paris: Plon, 1962.

BRAUDEL. F. *Escritos sobre a história*. São Paulo: Perspectiva, 2005.

_____. *Civilisation matérielle, économie et capitalisme, XVe-XVIIIe siècle*. 2 vols. Paris: Armand Colin, 1979.

_____. *La méditerranée et le monde méditerranéen a l'époque de Philippe II*. 3 vols. Paris: Armand Colin, 1966.

BRENNAN, J. *Against Democracy*. Princeton: Princeton University Press, 2016.

BURKE, E. *Reflections on the Revolution in France*. Londres: Penguin UK, 1982.

CAMUS, A. *Cadernos (1935-37): Esperança do Mundo*. São Paulo: Hedra, 2014.

_____. *O estrangeiro*. Rio de Janeiro: Record, 1979.

_____. *O homem revoltado*. Rio de Janeiro: Record, 2017.

_____. *O mito de Sísifo*. Rio de Janeiro: Record, 2018.

CARPEAUX, O. M. *História da Literatura Ocidental*. 4 vols. São Paulo: Editora Leya, 2010.

CASSIRER, E. *An Essay on Man*. New Haven: Yale University Press, 1992.

CIORAN, E. *Breviário de decomposição*. São Paulo: Rocco, 1995.

_____. *Cahiers*, 1957-1972. Paris: Gallimard, 1997.

COULANGES, F. D. *A cidade antiga*. São Paulo: Martins Fontes, 2004.

DARWIN, C. *Autobiografia*. Lisboa: Relógio D'Água, 2004.

_____. *On the Origin of Species*. Londres: Penguin UK, 2009.

DESCARTES, R. *Discurso do método; As paixões da alma; Meditações*. São Paulo: Nova Cultural, 1979. Coleção Os Pensadores.

DOSTOIÉVSKI, F. *The Adolescent*. Londres: Alma Classics, 2016.

_____. *Os demônios*. São Paulo: Editora 34, 2004.

_____. *Os irmãos Karamázov*. 2 vols. São Paulo: Editora 34, 2008.

VEYNE, P. (org.). *História da vida privada: Do Império Romano ao ano mil*. São Paulo: Companhia das Letras, 1990, vol. 1.

EPICURO. *Sentenças vaticanas e máximas principais*. São Paulo: Folha de São Paulo, 2015.

FEUERBACH, L. *A essência do Cristianismo*. Petrópolis: Vozes, 2013.

FICHTE, J. G. *A doutrina da Ciência de 1794 e outros escritos*. São Paulo: Abril Cultural, 1984. Coleção Os Pensadores.

FIGES, O. *A People's Tragedy*: The Russian Revolution, 1891-1924. Nova York: Penguin, 1998.

FOUCAULT, M. *A arqueologia do saber*. Rio de Janeiro: Forense Universitária, 2012.

FRANK, J. *Dostoiévski*: os anos milagrosos, 1865-1871. São Paulo: Edusp, 2003.

_____. *Dostoiévski*: o manto do profeta, 1871-1881. São Paulo: Edusp, 2018.

FREUD, S. "Além do princípio do prazer". In: _____. *Além do princípio do prazer, psicologia de grupo e outros trabalhos (1920-1922)*. Edição standard brasileira das obras psicológicas completas de Sigmund Freud. Rio de Janeiro: Imago, 1977. p. 12-85.

_____. O mal-estar na civilização. In: FREUD, S. *Obras Completas (1930-1936)*. São Paulo: Companhia das Letras, 2010, vol. 18.

GAY, P. *Freud*: uma vida para nosso tempo. São Paulo: Companhia das Letras, 2012.

GÓGOL, N. *Almas mortas*. São Paulo: Editora 34, 2018.

_____. *O capote e outras histórias*. São Paulo: Editora 34, 2015.

GOLDMANN, L. *Le Dieu caché*. Paris: Éditions Gallimard, 1959.

HABERMAS, J. *O discurso filosófico da modernidade*: doze lições. São Paulo: Martins Fontes, 2000.

HAYDEN, B. *Shamans, Sorcerers and Saints*: A Prehistory of Religion. Washington: Smithsonian Institution, 2018.

HEGEL, G. W. F. *A fenomenologia do espírito e outros escritos*. São Paulo: Abril Cultural, 1985. Coleção Os Pensadores.

HEINRICH, M. *Karl Marx e o nascimento da sociedade moderna*: 1818-1841. São Paulo: Boitempo, 2018, vol. 1.

HERÁCLITO; ANAXIMANDRO; PARMÊNIDES. *Os pensadores originários*. Petrópolis: Vozes de Bolso, 2017.

HERZEN, A. *From the Other Shore & The Russian People and Socialism*. Oxford: Oxford University Press, 1979.

_____. *A Herzen Reader*. Illinois: Northwestern University Press, 2012.

HOBBES, T. *Leviatã ou matéria, forma e poder de um Estado eclesiástico e civil.* São Paulo: Abril Cultural, 1983. Coleção Os Pensadores.

HORKHEIMER, M. *Eclipse da razão.* São Paulo: Editora Unesp, 2016.

HUME, D. *Tratado da natureza humana.* 2. ed. São Paulo: Editora Unesp, 2009.

KANT, I. *Crítica da razão pura.* Lisboa: Calouste Gulbenkian, 1994.

KELLY, A. M. *The Discovery of Chance:* The Life and Thought of Alexander Herzen. Massachusetts: Harvard University Press, 2016.

_____. *Toward Another Shore:* Russian Thinkers Between Necessity and Chance. New Haven: Yale University Press, 1998.

_____. *Views from the Other Shore:* Essays on Herzen, Chekhov & Bakhtin. New Haven: Yale University Press, 1999.

KIERKEGAARD, S. *A repetição.* Lisboa: Relógio D'Água, 2010.

LA ROCHEFOUCAULD, F. de. *Reflexões ou sentenças e máximas morais.* São Paulo: Penguin-Companhia, 2014.

LEIBNIZ, G. W. *Novos ensaios sobre o entendimento humano; correspondência com Clarke.* São Paulo: Nova Cultural, 1988. Coleção Os Pensadores.

LEWIS-WILLIAMS, D. *Inside the Neolithic Mind:* Consciousness, Cosmos, and the Realm of the Gods. Londres: Thames & Hudson, 2005.

_____. *The Mind in the Cave:* Consciousness and the Origins of Art. Londres: Thames & Hudson, 2002.

LUBAC, H. *Surnaturel:* études historiques. Paris: Desclée de Brouwer, 1991.

LUCRÉCIO. *Da natureza.* São Paulo: Abril Cultural, 1985. Coleção Os Pensadores.

MANN, T. *Pensadores modernos:* Freud, Nietzsche, Wagner e Schopenhauer. São Paulo: Zahar, 2015.

MARX, Karl. *O Capital.* 3 vols. São Paulo: Boitempo, 2017.

MORA, J. F. *Obras selectas.* Madrid: Revista de Occidente, 1967.

NECHAEV, S. G. *The Catechism of the Revolutionist.* Michigan: Kropotkin's Lighthouse Publications, 1971.

NIETZSCHE, F. *Assim falava Zaratustra:* um livro para todos e para ninguém. Petrópolis: Vozes de Bolso, 2017.

PASCAL, B. *Pensamentos.* São Paulo: Martins Fontes, 2000.

PLATÃO. *Defesa de Sócrates*. São Paulo: Abril Cultural, 1985. Coleção Os Pensadores.

_____. *Diálogos:* Protágoras — Górgias — Fedão. Belém: Editora UFPA, 2002.

PONDÉ, L. F. "Zoopolítica", *Folha de S.Paulo*, São Paulo, 26 set. 1999. Caderno Mais!

POPPER, K. R. *The Open Society and Its Enemies:* New One-Volume Edition. New Jersey: Princeton University Press, 2013.

RODRIGUES, N. *A cabra vadia:* novas confissões. Rio de Janeiro: Nova Fronteira, 1969.

RORTY, R. *Contingência, ironia e solidariedade*. Lisboa: Presença, 1992.

ROSSET, C. *Lógica do pior*. Rio de Janeiro: Espaço e Tempo, 1989.

ROUSSEAU, J. J. *Do contrato social e outros escritos*. São Paulo: Abril Cultural, 1983. Coleção Os Pensadores.

SARTRE, J. P. *O existencialismo é um humanismo*. Petrópolis: Vozes de Bolso, 2014.

_____. *O ser e o nada:* ensaio de ontologia fenomenológica. Petrópolis: Vozes, 2005.

SCHELLING, F. W. J. *Obras escolhidas*. São Paulo: Abril Cultural, 1979. Coleção Os Pensadores.

SCHOPENHAUER, A. *Aforismos para a sabedoria de vida*. São Paulo: Martins Fontes, 2017.

_____. *O mundo como vontade e representação*. 2 vols. Curitiba: Editora UFPR, 2014.

SÊNECA. *Consolação a minha mãe Hélvia e outros escritos*. São Paulo: Abril Cultural, 1985. Coleção Os Pensadores.

SHAKESPEARE, W. *Macbeth*. Londres: Penguin UK, 2005.

SOWELL, T. *Conflito de visões:* origens ideológicas das lutas políticas. São Paulo: É Realizações, 2011.

_____. *Os intelectuais e a sociedade*. São Paulo: É Realizações, 2011.

STEIN, E. El intelecto y los intelectuales. In: _____. *Obras completas:* escritos antropológicos y pedagógicos. Burgos: Ed. Monte Carmelo, 1931, vol. 4.

TCHÉKHOV, A. P. *O assassinato e outras histórias*. São Paulo: Cosac Naify, 2002.

_____. *O cerejal*. São Paulo: Edusp, 2012.

_____. *O tio Vânia*. Lisboa: Relógio D'Água, 2006.

_____. *As três irmãs*. Lisboa: Relógio D'Água, 1988.

TCHERNITCHÉVSKI, N. *Chto delat'?* Moscou: Biblioteka Russkogo Romana, 1947.

TOLSTÓI, L. *Anna Kariênina*. São Paulo: Companhia das Letras, 2017.

_____. *O diabo e outras histórias*. São Paulo: Cosac Naify, 1969.

_____. *Felicidade conjugal*. São Paulo: Editora 34, 2010.

_____. *Guerra e paz*. 2 vols. São Paulo: Companhia das Letras, 2017.

_____. *Khadji-Murát*. São Paulo: Editora 34, 2017.

_____. *A morte de Ivan Ilitch*. São Paulo: Editora 34, 2006.

_____. *A sonata a Kreutzer*. São Paulo: Editora 34, 2007.

TURGUÊNIEV, I. *Diário de um homem supérfluo*. São Paulo: Editora 34, 2018.

_____. *Memórias de um caçador*. São Paulo: Editora 34, 2013.

_____. *Pais e filhos*. São Paulo: Companhia das Letras, 2019.

VEYNE, P. (org.). *História da vida privada*: Do Império Romano ao ano mil. São Paulo: Companhia das Letras, 1990, vol. 1.

VOLTAIRE. *Cândido, ou o Otimismo*. São Paulo: Penguin-Companhia, 2012.

ZUBOFF, S. *The Age of Surveillance Capitalism*: The Fight for a Human Future at the New Frontier of Power. Londres: Profile Books, 2019.

Este livro, composto na fonte Fairfield,
foi impresso em papel pólen soft 80 g/m², na Edigráfica.
Rio de Janeiro, fevereiro de 2021.